Real Asia Beauty Gravure
アジアな女たち

撮影 窪寺弘雄
Photoshooting by Hiroo Kubodera

アジア激動の1年となるか

2018年は、アジア各地で大きな変化がある1年になるかもしれない。

平昌オリンピックで南北合同チームを結成した北朝鮮と韓国。融和ムードが高まっているが、果たしてどこまで「本物」なのか。オリンピック後に予定されている米韓合同軍事訓練に、北朝鮮はどう反応するのか。

→ 朝鮮半島の運命を決める2018年　P52

タイに目を向けてみれば、またもや総選挙が延長されそうな気配だ。「対立する陣営の勢力をそぎ落とし、確実な勝利が見えるまで選挙を実施しないつもりだ」と不満をあらわにする人々も多い。軍事政権への抗議行動が強まる年になるだろう。一方で「国が安定するまで選挙は必要ない」と考える人々もおり、タイの政治的対立は続きそうだ。

そんなタイで中間層はいまなにを考え、どんな生き方をしているのか。一大インタビューを敢行した。

→ タイ中間層徹底インタビュー　P78

さらに国際社会から注視されているロヒンギャ問題はいったいどうなるのか。この問題は、ロヒンギャ、ミャンマー、そしてバングラデシュの3者が、歴史的経緯や現状についてそれぞれ主張を持っている。その3者からの発信をそのまま掲載し、公平な目で読者に判断を委ねてみたい。

→ ロヒンギャ問題の真相　P40

そしてカンボジアでは、7月に下院総選挙が行なわれる。すでにフンセン首相が野党を弾圧、離散に追い込んでおり、与党の勝利は確実といわれる。しかし民主主義を無視したその手法に国民が果たして納得するのか。大規模な反政府運動が起きる可能性も指摘されている。

マレーシアでも夏までに総選挙が行なわれる見通しだ。汚職疑惑に揺れるナジブ首相を、マハティール元首相率いる野党連合がどこまで追いつめるのか。

ダイナミックに動き続けるアジアのいまを、本誌では2018年もキャッチしていく。

デヴァ・デフリアンティ(18歳)
ジャカルタ出身、ジャカルタ在住
この春から専門学校に入学予定
趣味は食べること

ミンダナオ島マラウィ潜入記

東進するイスラム国

第2次大戦以後、フィリピン最大の戦闘となった街をゆく

写真・文 八木貴史

シリア、イラクでは勢力を失いつつあるＩＳ（イスラム国）だが、その種子はいまや世界中にバラまかれた。欧米ではＩＳの影響を受けた個人が突発的にテロを起こすケースがやまない。

そしてアジアに目を向けると、フィリピンではＩＳを支持する過激派「マウテ・グループ（※）」が国軍と衝突、南部ミンダナオ島の街マラウィが戦場となった。それはフィリピンのメディアが「第２次大戦以後、最大の戦闘」と評するほどの激しさだった。

戦闘終了直後にマラウィに入った八木カメラマンが見たものは、焦土となり、壊滅した街の姿だった――。

※マウテ・グループ
イスラム系の反政府ゲリラである「モロ・イスラム解放戦線」出身者から構成される組織で、リーダーはアブドゥラ・マウテとオマール・マウテのマウテ兄弟。イスラム国を信奉し、フィリピン国内でテロを繰り返してきた。

イスラム国に爆弾をつくらされる人質

まさかの市街戦へと展開

２０１７年５月23日。５か月間続くことになるマラウィの戦いは、同市内にあるＩＳのフィリピンのリーダー、イスニロン・ハピロン自宅での銃撃戦から始まった。この家には数か月前にはすでに武器弾薬、医療品、食料などが蓄えられ、来るべきときへの準備が整えられていた。

序盤戦、国軍は苦戦する。フィリピン軍はジャングル戦の訓練と実戦は積んでいたが、市街地戦の訓練や経験は乏しかったためと言われている。また、可能な限り人質の身の安全を考慮した作戦が取られていたことも影響している。

23日、マウテグループは、市役所、病院、大学などを襲撃。街中にはその支配地区を示す黒い旗が掲げられた。街を制圧した彼らは住民からキリスト教徒を選別し人質とした。

マウテグループは、イスラム教徒の住民は戦力としてリクルートし、兵力を増強した。この際、リクルートに同意した者には現金1万５０００ペソ（約３万３０００円）と銃、弾薬が支給されたという。ほかに月給も支払われたそうだ。

一方、国軍はアメリカやオーストラリアなどの支援を受けつつ徐々に戦線を挽回し、マウテグループをマラウィ市の一部地域に追い詰めていく。この約1キロ平方メートル四方の狭い空間が、この戦闘で「メインバトルエリア」と称される地域となる。

戦闘を終わらせたスナイパーの一撃

6月20日には、フィリピン軍報道官が空爆を開始したと発表。この空爆は戦闘終了まで続いた。メインバトルエリアは、皮肉にもマウテグループではなく国軍の空爆により壊滅することになる。

8月24日、政府軍がグランドモスクを奪還。9月16日にはマラウィ市で第２の

戦闘中のイスラム国メンバー

徹底的に破壊されたマラウィ。メインバトルエリアを視察するバランガイ役員と、エスコートする兵士

規模を誇るバド・モスクを解放、人質を救出。

決定打となったのは10月16日だ。マウテグループの中心人物であるイスニロン・ハピロンとオマル・マウテが国軍スナイパーによって射殺されたのだ。その時の状況をフィリピン最大の放送局であるABS－CBNカメラマンから聞いた。

「イスニロン・ハピロンとオマル・マウテは移動の際、常に女性の人質を人間の盾に使っていたんだ。16日、移動する2人の人物を国軍スナイパーが捉えた。国軍は彼らに対し催涙弾を放ち、弾道から人質の身が離れたところを、指揮官から射殺許可を得た2人のスナイパーが狙撃した。スナイパーにはこの2人がハピロンあるいはオマルという確証はなかったようだよ」

こうして大物2人は仕留められた。

明けて翌17日、ドゥテルテ大統領がマラウィ市の解放を宣言した。10月23日にはロレンザーナ国防相が戦闘終結と発表。ロイター通信によると、5月から始まった戦闘で死者はマウテグループ900人以上、軍・警察が160人以上、市民は45人以上となった。

戦闘終了間もない最前線へ

マラウィでマウテグループの残党と国軍との間で最後の銃撃戦があったのが2017年11月6日。私がマラウィ取材の拠点となるイリガンに入ったのは11月19日だ。翌20日、偶然コンタクトできた

ABS－CBNの取材チームの協力のもとマラウィに入った。

イリガンからマラウィまでは車で40〜50分といったところだ。舗装されたワインディングロードを走る。途中チェックポイント（検問所）にたびたびぶつかる。チェックポイント前には道路上に障害物がジグザグに設置され、武装した複数の兵士や警官がIDチェックをしている。報道も通称CAR PASSといわれる許可書がないと先に進めない。自分はABS－CBNという存在自体がゴールドパスである人々と一緒だったので、プレスカードを見せるだけで通過できた。

ときおり、車窓をのどかで美しい光景が通り過ぎていく。犬猫はもちろん、放し飼いの鶏や山羊が自由にうろつき、馬、牛がのんびりと草を食んでいる。憎悪や殺し合いなどがなければハイキングにいい場所だと思った。ちなみに、道路をうろつく鶏1羽を轢き殺せば5万ペソ（約11万円）、山羊なら10万ペソ（約22万円）を飼い主に支払わないといけないそうだ。ほったらかしのように見える動物は、生活の糧を得る重要な存在なのだった。

もうひとつ。意外なことに、競技用の自転車を連ねてサイクリングをしている人たちを何度か見た。なぜ、いま、ここで？

我が家へと戻っていく帰還民の群れ

メインバトルエリアに入る方法でいちばんいいのは、マラウィの位置するラナオ州の州政府であるProvincial Capitol Complex Lanao Del Sueまで行き、プレスツアーがあるときに便乗させてもらう方法だ。

ここの2階にはプレスブリーフィングルームが設けられ、記者が詰めている。くっついていれば情報は得られるはず。自分の場合はここで用意しておいた取材許可申請書を国軍のロメオ・ブラウナー大佐に提出した。実はイリガン市内でも同書類を提出して取材申請しなければならないのだが、ABS－CBNのカメラマンにそのことを相談すると、「どうして？　君はもうマラウィにいるじゃないか。必要ないよ」と言われ、結局提出していない。

マラウィに入った初日には、疎開していた住民の帰還が始まっていた。住民の帰還は、安全が確認された地域から「バランガイ」というフィリピンの最小行政単位ごとに順次進められている。

我々はちょうど、大量の荷物を車に積んだ車列が、マラウィの街へと連なる場面に出くわした。数家族に同行し取材させてもらった。

「5か月ぶりに戻った我が家は物が壊れ散乱し、盗まれ、さんざんな状況になっていた」「火災で家を失った」という人もいた。どこから手をつけていいのかわからない、と荒れ果てた室内で立ち尽くすおばあさん、まずは大掃除と粗大ゴミを運び出す人、さっそく商売を始める人……さまざまな場面を見たが、我が家に戻った住人の顔には、どこか希望が見え

まるでシリアかイラクのよう。しかし、これが日本からも近いフィリピンで起きている現実だ

街に帰還する住民

若き兵士たち。この戦闘では国軍にも大きな被害が出た

る気がした。

しかしながら、マラウィ市内に住むある若い男性は、

「大学時代の複数のクラスメイトが、マウテグループのリクルートに応じ、その全員が戦闘で死んでいた。なぜ彼らが参戦したのかわからないよ、ムスリムは平和を愛するはずなのに」

と声を落とした。

破壊しつくされた街

翌日、ラッキーなことにプレスツアーでメインバトルエリアに入ることができた。軍のエスコートがつき、車両10数台のコンボイを組んで、激戦の行なわれた一帯に入る。このエリアはまだ立ち入りが厳しく制限されており、単独行は非常に困難だ。

検問を通り、車列がエリア内を進んでいく。カメラマンらは窓を開け、シャッターを切る。ISISとスプレー書きされたシャッターには無数の弾痕が開き、RPG（対戦車擲弾）が撃ち込まれたと思われる建物の壁には大きな穴があちこちに開いている。

さらに進むと、空爆により屋根が吹き飛び、壁が崩れてボロボロの柱だけが突き出した建物が増えてきた。ヘリからのバルカン砲で屋根が蜂の巣状態になった建物もある。凄まじく破壊された光景がそこにあった。視察したバランガイのある役員は、自分の担当地域のもとの姿がどうだったのか、破壊が酷すぎて思いだせないと語った。

当初ドゥテルテ大統領は、宗教的な敬意からモスクの攻撃を避けてきた。しかしこのエリアでは、モスクも何千何万もの銃弾に抉られ、屋根には迫撃砲によるものと思われる大きな穴が無数に開いていた。

我々が進んできた大通りはともかく、路地や建物内はまだブービートラップや地雷などのクリーニングが終わっていないという。不発弾の処理もしなければならないだろう。さらにメインバトルエリア内には、マウテグループが掘ったトンネルが複雑に延びているという。その探査、クリーニングも残っている。

「再建には少なくとも5年はかかるよ。フィリピン政府はもちろん、私たち住民は外国からの支援も必要としている」

市内に土地や建物を所有する男性はそう語った。

フィリピンでISは生き延びている

戦闘終結宣言が出されたとはいえ、過激派容疑者300人のうち200人は逃走。少数は国外へ、多くは国内で逃走潜伏していると見られている。ミンダナオ島に敷かれた戒厳令は2018年2月現在も解除されていない。リクルーターや資金提供者の逮捕、武器の押収も続けられている。

さらにISはマラウィでの戦闘が鎮圧された後、すぐに新たな行動を開始している。コタバトやブディンといったイスラム教徒の多い地域で、200人を新たにリクルートしたとする情報がすでに入っているのである。マラウィで戦闘員900人を失おうと、フィリピンのISは死んでいなかった。脅威は依然として存在し、手配リストにあるマウテ兄弟より強力と目される人物が、新たなリーダーとなりうる可能性も出てきている。

ミンダナオ島は、500年前にはイスラム教の政府に統治されていた歴史がある。現在に至るまで数世紀に渡り、さまざまなムスリム勢力がスペイン、アメリカ、フィリピン政府などに対独立闘争を行ってきた。

海外からの投資が増えるなど、経済的には明るさの見えるフィリピンだが、麻薬戦争やISほか武装組織との戦争はいまだ継続中である。フィリピンの戦いは当分終わらない。

フィリピン総力特集

マラウィ地上戦には米兵もいた……P10
ドゥテルテの義賊政治は続く……P17
日本はドゥテルテ政権とどう向き合うべきか……P22
ハンセン病患者の島を旅する……P26

CONTENTS

REAL ASIA Vol.02
アジアの真相 目次

シベリア･ブリヤート共和国
P72 シャーマンは他言できない神の名を告げた

日本
P102 日本に生きるアジア人たち 専門職として急増を始めたミャンマー人材

新疆ウイグル
P71 トルファンに敷かれた戒厳令?

北朝鮮
P56 携帯電話で進化する北朝鮮の売春

中国
P104 仁義なき中国風俗 現代からゆきさん事情

朝鮮半島
P52 運命を決める2018年 歴史的な和平なるか

カシミール
P96 終わらぬ弾圧 人間に使われるペレット弾

カンボジア
P58 「壊滅間近」の北朝鮮レストラン

香港
P50 慰安婦像の背後にちらつく香港マフィアと愛国教育基地

ミャンマー
P40 ロヒンギャ問題の真相

タイ
P78 洗脳された貧困層はもっと働くべきだ
P88 タイ現代映画と政治

フィリピン
巻頭総力特集
P4 ミンダナオ島 マラウィ潜入記
P10 マラウィ地上部隊には米兵もいた
P17 ドゥテルテの義賊政治は続く
P22 日本はドゥテルテ政権とどう向き合うべきか
P26 「ハンセン病患者の島」を旅する

シンガポール
P32 あふれる下層老人と貧困層 アジアトップの先端都市が抱える光と影

インドネシア
P1 巻頭グラビア アジアな女たち

東ティモール
P91 東ティモールはいま 汚職体質の不思議な安定

連載
P63 アジア闇街道を歩く シリア難民レポート 丸山ゴンザレス
P66 逃げる力 なぜ僕は“旅”を書いているのか 下川裕治

巻頭総力特集

フィリピン

ミンダナオ「5か月戦争」の内幕

ドゥテルテ大統領は「親米」へ

地位協定超え戦闘参加

地上部隊には米兵もいた

文・写真 石山永一郎

フィリピン南部ミンダナオ島マラウィを2017年5月に占拠したイスラム過激派とフィリピン国軍との戦闘は、昨年10月に終結した。5か月にわたった市街戦では国軍・警察160人以上、民間人45人以上、過激派900人以上が死亡した。人口約20万人のアジアの地方都市を「イスラム国」（IS）に忠誠を誓う過激派が支配するという衝撃的な事件は過激派側の「敗北」に終わったが、「マラウィの5か月戦争」で隠されてきた事実がいくつか明るみになっている。そのひとつは米兵がフィリピン軍とともに地上部隊に参加していたことだ。

（上）負傷した国軍兵士を装甲車内に押し込む男性兵士。左肩に特殊部隊名と思われる「BΣTA」の記章がある
（下）マラウィ市内で負傷したフィリピン国軍兵士を救出する男性兵士。右肩に星条旗章を付けている

フィリピン政府の対米姿勢の変化

ラナオ湖畔の高原地帯にある避暑地として知られていたマラウィの復興は、いまだ見通しが立っていない。現在、国軍は激しい地上戦が続いたマラウィ市のアグス河東部地区で、過激派が残した路上爆弾、仕かけ爆弾などの撤去作業を続けている。約20万人の避難民は、なお、半数以上が帰還できないまま、周辺地区の避難所や親類縁者宅で暮らしている。

マラウィ占拠はフィリピンのイスラム過激派マウテ・グループやアブサヤフなどが主導し、昨年5月23日に始まった。そこに至るまでを時系列でたどってみよう。

昨年5月8日に、フィリピン、米両軍による合同軍事演習「バリカタン2017」がルソン島ヌエバエシハ州のマグサイサイ陸軍基地やカガヤン、イサベラ両州などで始まった。演習の目的は災害時の救助活動協力、テロ対策などで、日本の自衛隊も参加した。

そもそもこの演習は、行われないはずだった。

ドゥテルテ政権の麻薬取締政策における「超法規的殺人」などをオバマ前米政権が批判したなどことから、ドゥテルテ大統領は就任直後から反米姿勢を鮮明にし、米軍との合同軍事演習打ち切りに言及、訪問米軍地位協定（VFA）、比米防衛協力強化協定（EDCA）の撤廃も示唆していた。大統領は2016年末に「米軍がフィリピンにいる限り平和は来ない」と明言していた。

しかし、トランプ米大統領就任後は、ドゥテルテ大統領も米国との関係で柔軟さを見せ始め、規模を前年より5分の1程度に縮小した形での合同演習実施を認めた。

軍を上回る数の過激派たち

国軍関係者によると、演習はルソン島で行われたが、米軍は演習を機にミンダナオ島のイスラム過激派の情報をフィリピン軍に伝えた。

米軍は要注意人物の電話、メール、ネットアクセスのすべてを詳細に調べ上げ

イスラム過激派アブサヤフのハピロン最高指導者が潜伏していたアパート。国軍の襲撃による無数の弾痕が残る

る「Xキースコア」など特殊監視技術を持つ。

これによって得た情報から、米軍はイスラム過激派アブサヤフのハピロン最高指導者がマラウィに潜伏、蜂起を企んでいることをフィリピン国軍に伝えた。アブサヤフはインドネシアに近いミンダナオ地方スールー諸島に拠点を持つ過激派で、キリスト教徒の誘拐などを繰り返してきた。

米軍の情報をもとに、国軍は、ハピロン最高指導者とマラウィを拠点とする過激派マウテ・グループが連携し、5月26日に蜂起する予定であることを知る。そ

マラウィ現地指揮官のブラウナー国軍大佐

装甲車内で国軍負傷兵の横に座る男性兵士。右肩に星条旗章が見える

して、突き止めたハピロン最高指導者のマラウィのアジトを5月23日に急襲する。

国軍現地指揮官のブラウナー大佐は次のように打ち明ける。

「彼らの蜂起予定日はラマダン（イスラム断食月）入り直前の5月26日だったが、われわれがハピロンのアパートを急襲したことで23日になった」

その時点でイスラム過激派は市内に約400人の戦闘員を潜入させていた。この数は国軍の予想を大幅に超えていたようだ。

ブラウナー大佐によると、ハピロン容疑者のアパートを急襲した国軍部隊は「約200人」だった。過激派のほうがはるかに多く、ハピロン最高指導者のアジトをめぐる攻防戦の最中、市内各所で過激派が次々と蜂起、市中心部占拠を許す結果につながった。ハピロン容疑者もアジトから逃げ出す。

過激派の10歳少年も射殺

過激派が多くの市民を人質にとったことで、掃討作戦は難航、戦闘は予想以上に長期化した。過激派は市街地のビルを人質とともに転々と移動し、路上爆弾やベトナム戦争で南ベトナム解放民族戦線（ベトコン）が用いた仕かけ爆弾（ブービートラップ）を各所に置いた。

「過激派が潜んでいたビルを制圧し、中に入って机の引き出しを開けると爆発し、兵士が犠牲になったこともあった」とブラウナー大佐は明かす。

過激派が現場に残したスマートフォンには、このような路上爆弾や仕掛け爆弾を人質に作らせていたことを示す写真も残っている。

写真を見ると、やせて頬がこけた子どもを含む人質たちが花火や爆竹を解体し、爆弾製造を手伝わされていた様子が分かる。過激派たちが人質を床に座らせ、講義のようなことをしている写真もある。「イスラム国」（IS）の思想に洗脳しようとする講義だったとみられる。

過激派たちの姿を見ると、みな非常に若い。十代前半とも見える男子もいる。ブラウナー大佐は指揮官として最も苦悩したこととして「洗脳した10代の若者を多数、過激派が戦闘に駆り出していたこと」を挙げた。

国軍が殺害した最年少の過激派は「10歳の少年だった」と大佐は打ち明けた。

「少年は銃を手にして軍兵士を狙って撃ってきた。説得して投降させることがどうしてもできず、その少年を過激派戦闘員として射殺せざるを得なかった」

大佐はそう語り、口の端を険しく結んだ。

装甲車内にいた米兵

昨年10月23日に戦闘終結宣言が出されたマラウィは徹底的に破壊された姿をいまも晒している。

アグス河東部の市中心部はがれきの山だ。かなりの建物が1階部分から崩れ、

ビルの外壁には砲弾による大きな穴と無数の弾痕が残る。その破壊の徹底ぶりは、ＩＳが支配をしていたイラクのモスル中心部の現在の姿にも似ている。

そのマラウィ中心部を地元の人々は「グラウンド・ゼロ」（爆心地）と呼んでいた。

ここまで徹底して破壊をした理由についてブラウナー大佐は、

「過激派が潜む建物をひとつひとつつぶし、狙撃手から兵士を守るためにはやむをえなかった」

と話す。ただ、フィリピンのイスラム教徒の間には「マラウィがキリスト教徒の街であったとしたら、軍はここまで破壊しただろうか」という声もある。

このマラウィ制圧作戦に米軍は深く関与した。

米軍はオーストラリア軍とともに哨戒機Ｐ－３オライオンや無人偵察機を飛ばし、戦闘地域の情報をフィリピン国軍に提供してきた。さらに、農村地帯でのイスラム過激派や共産ゲリラ「新人民軍」（ＮＰＡ）との交戦経験は豊富ながら、市街戦の経験がほとんどない国軍に、イラク戦争などで培ったノウハウを伝授したとされる。

しかし、実際はそれだけではなかった。米軍はフィリピン軍とともに地上戦にも加わっていたのだ。

フィリピン軍関係者からフィリピンの日刊邦字紙「まにら新聞」が入手した映像によると、マラウィで過激派との戦闘を続けるフィリピン軍の装甲車に、米兵とみられる男性が同乗している様子がはっきりと写っている。

ミンダナオ島の避難所で暮らすマラウィからの少女たち。みなイスラム教徒だ

約７分間の映像は、戦闘地域に取り残された負傷兵を装甲車で救出する場面を、兵士が頭につけたボディーカメラで撮影している。その中に、右肩に星条旗章をつけた男性兵士がはっきりと写っている。男性兵士は銃弾が飛び交う中、路上に飛び出し、負傷兵を装甲車内に運び込む役を担っている。

この男性兵士を指すとみられる「メディック」という声が飛び交っており、米衛生兵とみられる。撮影時期は不明だが、軍関係者が映像を最後に編集した日付は７月19日となっている。

在フィリピン米大使館はこの映像について、まにら新聞に対し「コメントできない」としつつ、

「米軍はミンダナオに展開しているが、任務は国軍への助言と技術支援だけだ」

として戦闘参加は否定した。しかし、国軍のミンダナオ西部司令官のカルリト・ガルベス陸軍中将は、

「米軍が戦闘地域で負傷兵の救命活動に参加することもある」

と述べ、映像の男性が米兵であることを事実上、認めている。

拡大するアメリカの影響力

フィリピン大学のローランド・シンブラン教授（国際関係学）によると、これまでにもミンダナオ地方でのイスラム過激派との地上戦に米兵は参加してきており、衛生兵だけでなく、

「フィリピン軍の制服を着て戦闘そのものにも参加している米兵もいるはずだ」

という。

米軍にはフィリピン系米国人も多数おり、見かけがフィリピン人と変わらない兵士を選んで「実戦投入」していた可能性も大きい。

この事実を米側、フィリピン側ともに隠してきた理由は、自国内の戦闘に米兵が直接参加していたことが明らかになることによるフィリピン人のナショナリストたちの反発やイスラム過激派の宣伝材料にされることを恐れたためと思われる。

それとともに、米軍の法的地位をめぐる論議を呼ぶ可能性も懸念したとみられ

ミンダナオ島の避難所で暮らす高齢の女性。
年齢を聞くと「107歳」と言った

る。

フィリピンの米軍基地は1991年に上院が基地存続条約延長を否決、92年までに全面撤去された。1986年のアキノ政変後のナショナリズムの高まりが背景にあった。

しかし、1998年に訪問米軍地位協定(VFA)が結ばれ、軍事演習などで米軍がフィリピンに戻ってくることが可能になった。さらに2014年4月、比米防衛協力強化協定(EDCA)が結ばれ、米軍は国軍基地内であれば、駐留も可能になった。いったん全面撤退した米軍はじわりじわりと、フィリピンにおける存在感を拡大してきた。

しかし、基地の外に出て過激派との内戦に参加するような地位を定めた2国間の協定はない。

2国間協定を超えて、存在をなし崩し的に拡大していくというのは、在日米軍を含む在外米軍の常套的手法でもある。

このマラウィの戦闘後、ドゥテルテ大統領は米国への表立った批判をすっかり控えるようになった。

戦闘終結が近づいた昨年9月28日、大統領は演説で、これまで記者会見の度に言及してきた米国によるフィリピン植民地支配の歴史について「水に流す」と発言。「今後は米国に対し友好的になる」と述べている。

大統領はマラウィの戦闘で米軍が「極めて重要な支援を行っている」とし、その1年ほど前の発言とは一転して「米国は同盟国である」と強調した。

マラウィの戦争は廃墟を残した。イスラム過激派再蜂起の動きもくすぶっている。その中で最も利を得たのは、戦闘支援を通じて関係を改善し、フィリピンにおける存在感を再び大きなものにした米国だったといえる。

国軍によって救出されたマラウィの人質(国軍関係者提供)

【いしやま・えいいちろう】1957年生まれ。共同通信マニラ支局長、同編集委員、フリーランスなどを経て現在、フィリピンの日刊邦字紙「まにら新聞」編集長。著書に「マニラ発ニッポン物語」「彼らは戦場に行った　新・戦争と平和」など。

巻頭総力特集
フィリピン

破壊と流血も
高支持変わらず

マニラで記者会見するドゥテルテ大統領＝2017年11月（大統領府提供）

規律と即断即決
ドゥテルテの義賊政治は続く

取材・本誌編集部

すさまじい破壊と無慈悲な流血にもかかわらず、人々はなお大統領の「政治劇場」に熱中している。昨年5月にイスラム過激派が占拠したミンダナオ島マラウィ市は、空爆と砲撃によって廃墟になるまでに破壊された。ドゥテルテ政権による違法薬物撲滅のために、過去1年半の間に1万3000人以上が殺された。しかし、大統領支持率はなお8割。ミンダナオ地方が戒厳令下にありながら、昨年の経済成長率はアジアトップ水準の6.7%を維持した。このフィリピンの不思議な政治状況を解き明かす。

インフラ支出拡大で経済は絶好調

ブルネイでイスラム教徒女性と写真に収まるドゥテルテ大統領（大統領府提供）

継続する戒厳令

昨年12月、ドゥテルテ大統領は、ミンダナオ地方に布告していた戒厳令の1年間延長を発表した。ミンダナオ島マラウィを占拠した過激派との戦闘が10月23日に終結したにもかかわらず、大統領は戒厳令延長を選択した。

マラウィでの戦闘継続中は戒厳令を容認する声も強かったが、今回の延長には昨年12月の世論調査で国民の62%が「延長は必要ない」と回答、違憲訴訟も相次いで起こされている。

「そもそも戒厳令の布告がマラウィでの過激派制圧に特段寄与したとも思えない。戒厳令があってもなくても国軍がやることは一緒だったはず。ましてやマラウィの戦闘がひとまず終結した今、延長する理由はないのでは」

近畿大の柴田直治教授（東南アジア政治）はそう指摘する。

世論の逆風を受けても戒厳令を延長した背景には、イスラム過激派だけでなく、和平交渉が中止された共産党の軍事部門NPA（新人民軍）をミンダナオ島から一掃する狙いがあったとの指摘もある。

マルコス独裁政権下の1980年代初頭の最盛期、NPAはフィリピン全土で2万5000人の勢力を誇った。国軍によると、そのNPAは現在、全土で3500人ほどにまで勢力が縮小、うち1800人ほどがミンダナオ島東部のキリスト教徒が多い地区に集中して展開しているという。同島西部のイスラム過激派掃討の後は、東部でNPA掃討というのが国軍のもくろみのようだ。

超法規的殺人は1万3000人か

ミンダナオ地方に限ったものではあるが、軍や警察などが超法規的に人々を拘束できるこの戒厳令をめぐっては、人権面での懸念が一層強まっている。

フィリピンの人権団体「カラパタン」はドゥテルテ政権下の過去1年半の間に政治的な理由で軍や警察に殺された人権活動家、弁護士、労働組合関係者、ジャーナリストら「人権擁護者」が84人に上ったと指摘している。

このような政治的殺人の犠牲者は2001年以降だけでフィリピンでは697人に上っているが、ドゥテルテ政権下での発生頻度は加速傾向にある。カラパタンは「人権擁護を唱えるだけでNPA支持者とされ、多くの人が殺されている」と訴える。

ドゥテルテ政権による人権軽視は、麻薬取締政策をめぐっても国際的非難を浴び続けてきた。

昨年末、国家警察（PNP）は、ドゥテルテ政権発足後の2016年7月から17年10月半ばまでに、武装した麻薬密売人や麻薬常習者ら3993人を警察が殺害したことを認めた。その上で、麻薬など

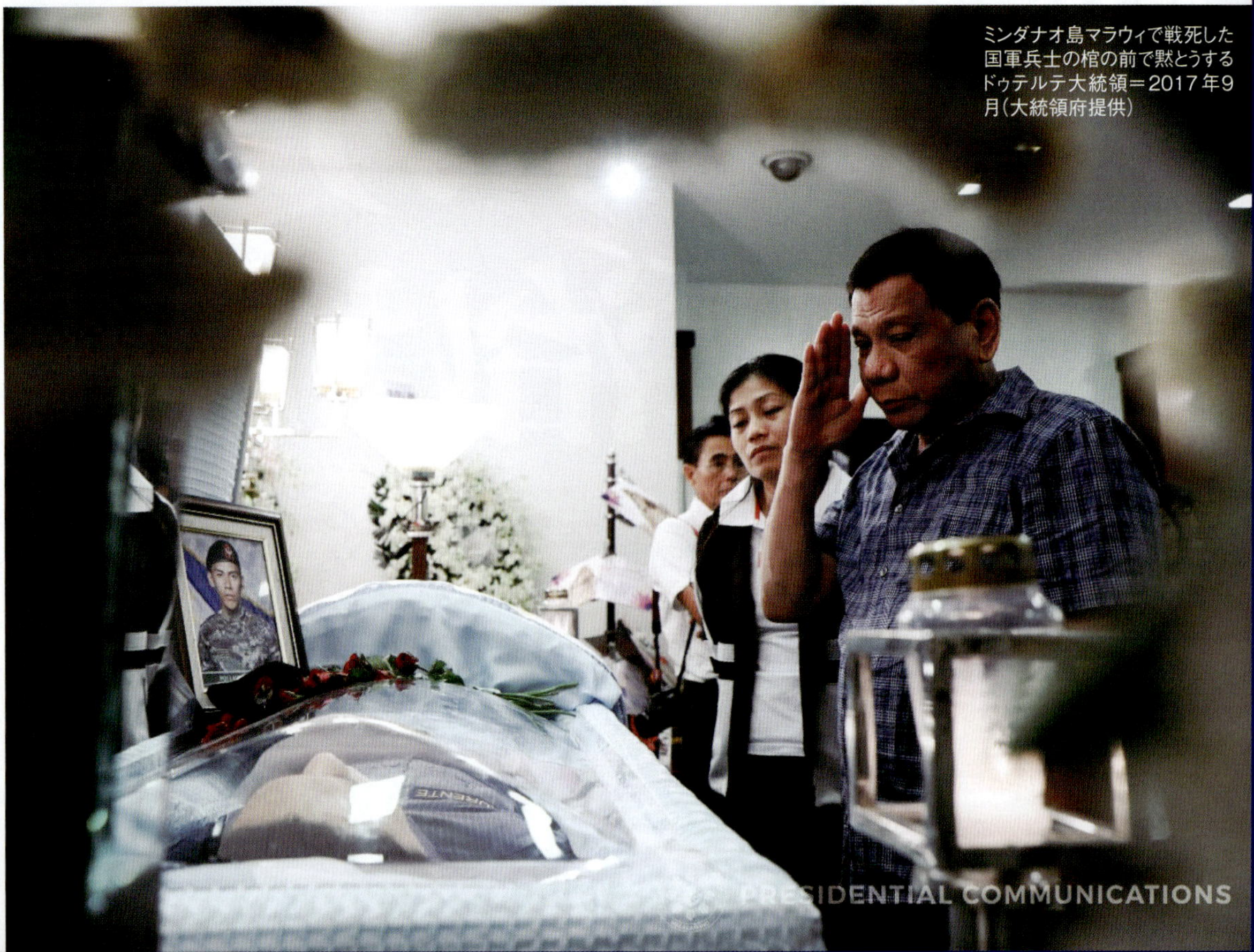

ミンダナオ島マラウィで戦死した国軍兵士の棺の前で黙とうするドゥテルテ大統領＝2017年9月（大統領府提供）

ラジオキャスターだった父コスメ・マエストラードを政治的殺人で失った娘のルシルさん。手に持つのは遺影＝ミンダナオ島オサミス市で

に絡む犯人不明の殺人事件の犠牲者が同期間で約1万人に上ったことも明らかにした。

こういった数字を堂々と公表するところは、偽善を嫌うドゥテルテ政治独特の「透明性」でもあるのだが、カラパタンなど人権団体は、警察が認めた3993人に「犯人不明」の殺人事件の大部分を加えた約1万3000人が麻薬取り締まりにかかわる警察による「超法規的殺人」の実数だとしている。

ビルド・ビルド・ビルド

カラパタンに限らず多くの左派系団体は、ドゥテルテ大統領を「人権無視の独裁者」として激しく批判している。

しかし、大統領への支持率はなお高い。昨年末に実施されたパルスアジアの調査では、支持率80％と政権発足直後からほとんど下がっていない。

フィリピン人はなぜ、ドゥテルテ大統領を熱烈に支持し続けるのだろうか。

理由にはまず、絶好調な経済が挙げられる。過激派によるマラウィ占拠事件、ミンダナオ地方への戒厳令継続にもかかわらず、2017年のフィリピンの国内総生産（GDP）成長率は6・7％を記録した。前年の6・9％よりはやや鈍化したものの、引き続き「高度成長」が続いている。

フィリピン証券取引所の総合株価指数（PSEi）は昨年7月1日時点で7800台だったが、今年1月26日には9000の大台を初めて突破した。

ドゥテルテ政権に市場が好感を寄せている最大の理由のひとつは、インフラ整備への熱意と支出の拡大だ。

政権は「ビルド（建設）、ビルド、ビルド」をスローガンに掲げ、東南アジア諸国連合（ASEAN）内でも劣悪とされてきたインフラ整備に熱心に取り組んでいる。

2017年1～10月期のインフラなど公共投資総額は4427億ペソ（1ペソ＝2・1円）で、前年同期比11・8％増だった。2018年予算は前年比12％増の総額3兆7670億ペソで、この予算でもインフラ整備に重点が置かれている。

マニラ首都圏では、円借款による首都圏地下鉄建設事業（事業費3555億ペソ）が2019年に着工予定であり、高速道路建設も次々と進んでいる。

「3か月でもマニラを留守にして帰って来ると、周辺の風景が変わっているほど急速な変化を感じる。短期間で劇的に首

警察官に殺害された違法薬物所持容疑者の男性＝マニラ首都圏サンタアナ、八木貴史撮影

路地を一歩入ると庶民の生活のにおいにあふれている＝マニラ首都圏トンド地区

マニラ首都圏のスラム街トンド地区でも最近、比較的大きな道路がきれいに舗装された

都の風貌が変わりつつある。治安の改善も急速に進んでおり、夜でも安心して歩ける地域がずいぶん広がった」

長年マニラに住む邦人男性(71)はそんな感慨を抱いている。

貧困層の味方

左派から人権面で激しい批判を浴びているドゥテルテ政権だが、政策が富裕層重視の保守かというと、そうともいえない。

それまで6か月ごとに雇い止めができた非正規労働者の正規労働者化を法改正で熱心に進めており、昨年11月にはルソン島ラグナ州の日系企業2社とその下請け業者も従業員計約1300人を正規雇用するよう命令を受けた。この政策は高等教育無償化政策とともに貧困層から強く支持されている。

これまでは年収1万ペソ以下でも5%課税されていたが、今年からの税制改革で年収が25万ペソ(約54万円)未満の貧困層は所得税が免除され、25万ペソ以上から累進課税されるようになった。

マニラ首都圏のオフィス街マカティ。急成長するフィリピン経済の中心地だ

初任給で1万5000ペソ（約3万2000円）ほどだった国軍兵士、警察官の基本給も一気に倍額にした。

これはドゥテルテ政権が掲げる汚職撲滅政策と一体をなしている。大統領が「芯から腐っている」とこきおろす警察官の汚職に厳しい監視態勢を敷き、腐敗警官を容赦なく解雇する一方で、生活を保証する待遇改善も同時に進めたのだ。

政府機関の要職にある者について、公金流用など汚職の疑惑が浮上すると、個人的に親しい者であっても、大統領はばっさりと解任してきた。

昨年末の例では、都市貧困者対策委員会の委員5人全員を解任している。理由は委員長のリドン氏が2016年9月の就任以来、国際会議出席などで7回海外出張していたことが発覚したためだ。大統領は、

「なぜすべての国際会議に出る必要があったのか理解できない。われわれにそんな余裕はない」

と激しく批判、委員会そのものを解散させる意向を示した。

汚職と不正は絶対に許さない

ドゥテルテ大統領が人気を博する理由には「即断即決」という政治スタイルがある。

非効率なことが大嫌いのようで、政府機関に対する簡易な許認可申請への回答は「原則3日以内」と指示している。外国投資家に対する政府機関の手続きの簡略化も進めている。

マニラ国際空港などフィリピン各地の空港で、預け入れ荷物の運搬や仕分けを請け負っていたミアスコール社従業員による荷物窃盗事件が発覚すると、空港公団は今年1月、1972年以来業務を請け負っていた同社との契約をただちに打ち切った。

窃盗事件を聞いて激怒したドゥテルテ大統領がトゥガデ運輸長官に直接、「絶対に許さない」と即刻契約打ち切りを指示したという。

義賊が国家をつかみ取った

庶民がニュースを聞いて胸のすくような思いになる。明日からの生活に小さいながらも明かりが点る。そんな「ドゥテルテ政治劇場」にフィリピン人はまだとりこになっている。

これこそポピュリズム(大衆迎合)政治だといわれれば、その通りかもしれないが、ドゥテルテ政治の場合、ポピュリズムの中にある「芯」のようなものを感じさせる。その「芯」には、道理に反する者に対する呵責のない鉄拳が潜んでいる。

名古屋大の日下渉准教授（フィリピン政治）は、昨年発表したドゥテルテ政権に関する英語の論文「義賊が国家をつかみ取った」の中で、ドゥテルテ政治を「モラルの政治だが、自己矛盾も抱えている」と評している。

インド訪問に出発するドゥテルテ大統領＝ニノイアキノ空港で、1月24日（大統領府提供）

日下氏によれば、ドゥテルテ大統領への高い支持率は「より多くの人々が安易な『ばら撒き』ではなく、『規律』による社会改革を支持するようになった」ことを示唆しているという。

義賊の政治が一転、大きなほころびを見せるか、それとも強力な指導力で国の姿を一変させるか。大統領の任期はあと4年以上ある。「ドゥテルテ政治劇場」からまだ目が離せない。（編集部）

日本はドゥテルテ政権とどう向き合うべきか

政治と国防のジレンマ
実利生む中国との取引
聞く耳を持たせた内政干渉は必要

文 木場紗綾（同志社大助教）

庶民層を中心に圧倒的な支持を集めるドゥテルテ大統領だが、課題は多い（大統領府提供）

２０１７年、17名の識者がドゥテルテ政権を学術的に分析した『A DUTERTE READER』（ニコル・クラト編）が出版され、10月末には日本の3か所でも出版記念会が開催された。京都大学で開催された会合の席上で、執筆者のひとりである政治学者のネサン・キンポ博士は、ドゥテルテ大統領が２０２２年までの任期を全うする可能性は十分に高いと述べた。

政権の安定性を揺るがすリスクとしては、

①経済状況が急激に悪化する
②大統領自身が関与する深刻な汚職疑惑が暴露される
③クーデター
④大統領の健康状態が劇的に悪化する
⑤国内で予期しない大規模災害やテロが発生した際に大統領が決定的な対処ミスを犯す

——の５つが想定されるという。

麻薬掃討作戦による超法規的な殺人、政権に批判的な活動家に対する度重なる人権侵害は２０１７年も続いたが、政権の支持率にはあまり影響していないようだ。民間調査機関パルスエイシアの年末の調査によると、大統領支持率は80％と非常に高い。大統領に批判的な勢力の声は依然として弱い。

ドゥテルテ大統領は就任直後から、アメリカや国連関係者から人権状況への懸念を表明されるたび、「内政干渉だ」と激しく反論し、その荒々しい言動は国内外の耳目を集めてきた。

エスタブリッシュメント（支配階級）をこき下ろすのはポピュリズムの王道であるが、最近のフィリピン政治家の言動は、グローバルなトレンドと無縁ではない。

被援助国側の内政やガバナンスに条件や注文をつけない「寛大な」ドナーである中国の経済的台頭に伴い、東南アジア諸国は、西側からの「干渉」を拒絶するようになってきている。長年、途上国の民主主義のあり方に注文をつけてきたアメリカに対し、同盟国であるフィリピンのリーダーが露骨に嫌悪感を示したことは、そうした大きな流れの一端に過ぎない。

大陸に近づく海洋アジア

2017年12月中旬、バンコクのチュラロンコン大学で「アジアにおける東南アジア研究コンソーシアム」（SEASIA）の学術会議が開催され、2日間にわたって、東南アジアおよび東アジアから約300人の研究者や実務家が研究報告を行なった。

タイ、カンボジア、ラオス、ミャンマーの研究者らは、東南アジア諸国連合（ASEAN）経済共同体の発足や自由貿易協定（FTA）が自国のバリュー・チェーン（価値連鎖）に与える影響、あるいは、中国の一帯一路計画が自国の経済発展に与える影響、学術交流などについて幅広く議論していた。

他方、ASEANの大国であるインドネシアや、2017年議長国であったフィリピンの研究者からは、域内のインフラ開発や人の移動といったいわゆる「連結性（コネクティビティ）」に関する報告は少なく、ドゥテルテ、ジョコ・ウィドドの両大統領がASEANを通じた多国間外交をどのように見ているか、というテーマが中心を占めていたのは興味深かった。

白石隆の「海洋アジアVS大陸のアジア」（2016）に描かれているように、海洋安全保障に敏感な「島嶼部アジアの見方」と、中国大陸と物理的につながる「大陸アジア」の見方は大きく異なる。

ただ、この数年の傾向として、フィリピンやインドネシアのいわゆる「ポピュリスト」大統領らは、選挙民からの支持を得るために外国投資や経済援助の呼び込みを中心とした外交を行なう傾向が強まっているように見受けられる。ドゥテルテ大統領の対中外交は言うに及ばず、インドネシアのジョコ大統領も、国連総会には欠席を続ける一方で、中国には就任後すでに6回訪問している。

多国間外交や安全保障政策を強調しても票は獲得できないという事情はどの国も同じだが、中国との取引は、実利として国民に実感される。

アメリカや日本との協力を志向してきた「島嶼部アジア」が、徐々に「大陸アジア」に近づいているような印象を受ける。

国防に専念できない軍

2017年のフィリピンは、マラウィでの戦闘、麻薬取締政策のための大量殺人の継続など、国内治安情勢に関する事件が相次いだ。

南シナ海問題をめぐっての中国との駆け引きは続いているものの、埋め立てなど目立った現状変更は認められていない。

しかし深刻な問題は、アキノ政権時代からの国軍中期計画における「国内の反乱対応は警察に任せ、国軍は国防に特化する」との合意が頓挫しつつあることである。

イスラム分離独立派、過激派勢力との和平交渉も課題ではあるが、それと同様に政権運営に影を落とすのは、共産勢力の動向である。

ドゥテルテ大統領は選挙直後、共産党の最高指導者のホセ・マリア・シソン氏との良好な関係を喧伝し、マラカニアン宮殿での就任式当日にはメンジョーラで路上集会を開催していた急進左派の活動家らを宮殿に招いて懇談した。また、4人の左派活動家を、農地改革相や社会福祉開発省などの閣僚に任命した。

しかし共産勢力との和平交渉は中断し、大統領は共産党の軍事部門である新人民軍（NPA）をテロリストに指定する考えを表明、国軍には、NPAとの戦闘を指示している。任命された左派系の閣僚らは議会の承認が得られず、大統領は議会を説得するそぶりも見せなかった。大統領と左派との短い蜜月は終わった。

アロヨ政権時代に頻発したいわゆる「政治的殺害」も報告されている。麻薬取締政策による死者の陰に隠れてあまり注目されないが、地方のジャーナリストや、活動家と見られる住民が何者かに暗殺される事件は後を絶たず、国軍の一部関与も指摘されている。

ASEAN域内での立ち位置に敏感な軍人

薬物取締政策におけるドゥテルテ大統領の華々しいイニシアティブとは対照的に、軍は国内治安維持に奔走し、近代化、プロフェッショナル化は進んでいない。大統領は軍人への給与、恩給を引き上げ、国軍の記念行事にはこまめに足を運んでは軍部の不満を解消することに努めているが、域内の安全保障環境の劇的な変化にもかかわらず、いつまでも「国防」に専念できない軍はジレンマを抱え続けている。

とくに、防衛協力に従事している幹部からは、インドネシアやタイと比較してフィリピン軍のキャパシティが「物理的にも、政治的にも」あまりに制限を受けていることを嘆く声が聞かれる。

国軍本部で「ASEAN防衛大臣会議」関連の業務に従事する中佐のひとりは、「クーデターによってASEANの防衛コミュニティでの地位を落としたタイのようになりたくない」と話す。一方で「軍人は『我々は大統領の意見に賛成ではないが、選挙で選ばれた政治家がああ言うもので』とアメリカや隣国に言い訳することで、民主主義国のプライドを保ちながら、防衛協力を引き出そうとしている」

国内に山積する治安問題も含め、軍の動きも注目される（大統領府提供）

とも打ち明けた。

我々が思う以上に、彼らはＡＳＥＡＮのなかでの立ち位置に敏感である。このような東南アジアに対し、日本やアメリカは、どのようにアプローチをすればよいのだろうか。

「取引」外交は不要、価値の外交を響かせよ

２０１７年10月上旬、タイのプラユット首相がホワイトハウスを訪問し、トランプ大統領と会談を行った。同首相は陸軍司令官として２０１４年クーデターを首謀した人物である。以降の３年間、アメリカはタイとの軍幹部交流や武器輸出を停止してきたが、ホワイトハウスでの首脳会談で、タイ側は、ボーイングや石炭のほか、ヘリやＦ－16戦闘機やハープーンミサイルなどの防衛装備品をアメリカから調達する可能性に言及した。今後、アメリカは防衛協力の正常化を目指す。

在シンガポールのタイ外交専門家であるポンポソット博士は、これを「ショッピング外交」と揶揄する。

果たして西側諸国は、そして日本は、フィリピンと「民主主義」や「人権」といった価値を共有しつつ普及させるという従来の考えを脇に置いて、「取引」型の外交戦略に転換せざるを得ないのだろうか。

決してそんなことはない。

相手の国内事情に一定の理解を示しつつ、「価値」の外交を進めることは可能である。安倍総理は２０１７年のフィリピン訪問において、マニラ・ブレティン紙に対して、「平和で安定した、自由で開かれた海」「海における法の支配」の重要性を主張した。アメリカも安倍総理の提唱する「自由で開かれた」インド太平洋地域の繁栄」に同意している。

国内政治の文脈においては「西洋的価値観」を否定してみせるドゥテルテ大統領も、内政に干渉されない限りにおいては、「自由で開かれた国際秩序」や「法の支配」そのものを否定することはない。

アメリカや日本は、単に防衛装備品を提供したり教育・訓練を実施したりするだけでなく、政治と国防との間でこの国の軍が抱える本質的なジレンマを理解したうえで、相手国の軍のキャパシティを向上させるためのさまざまなパッケージの協力を用意する必要がある。現代の東南アジア諸国の軍は、決して横暴で野心的な機構ではない。地域情勢を気にかけ、文民政治家とのバランスに配慮し、プロフェッショナル化と競争力の向上を目指している。

日本はドゥテルテ政権の麻薬対策に一定の理解を示し、政府開発援助（ＯＤＡ）によって違法薬物使用者の更生のための技術協力を進めているほか、防衛協力も実施している。小野寺防衛相は２０１７年、ロレンサナ国防長官と会談し、テロ対策支援について協議し、自衛隊の中古装備品の無償供与についても言及した。ミンダナオ和平への日本の関与のような包括的で戦略的な支援を対テロや対共産勢力の文脈に応用することは困難だろうが、今後はますます、ＯＤＡと防衛協力とを効果的に組み合わせた支援が望まれる。

これらの支援は、決して互いの国益や政権存続のための「ショッピング外交」ではない。日本政府は今後も、アメリカやオーストラリア、インドなどと協力して、東南アジアに必要な防衛協力を実施し、それが「自由で開かれた国際秩序」の構築のためであること、そのためには法の支配が必須であることをメッセージとして明確に伝え続ける必要がある。

人権とは本来、条件つきの「取引」によって交換されるようなものではなく、交渉の余地のない、普遍的な価値である。「内政干渉」は必要である。

日本政府にはさらなる努力が期待される。しかし、相手国の「聞く耳」を引き出すことが第一歩であり、信頼関係を築きながら、譲れない一線については主張を続けることが必要だ。

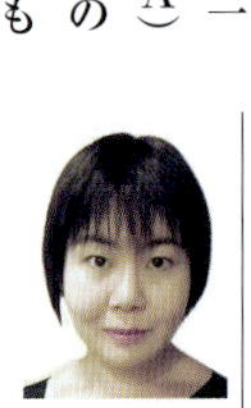

【きば・さや】１９８０年、京都市生まれ。神戸大大学院で博士号取得。在比日本大使館、在タイ日本大使館で専門研究員を経て、２０１５年から現職。専門は比政治、アジア太平洋地域の国際協力政策。

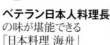

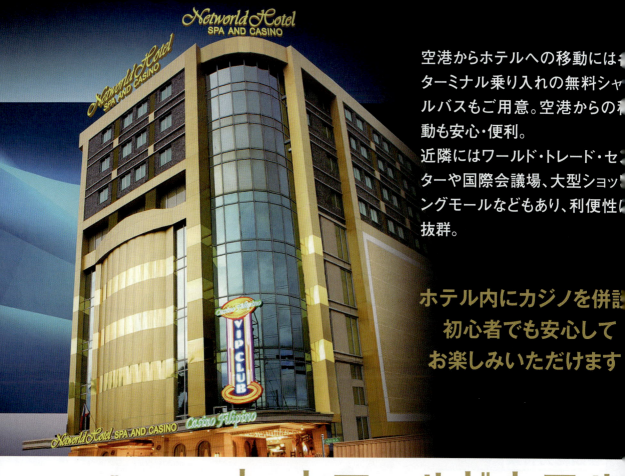

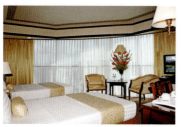

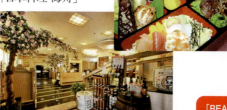

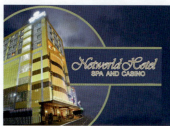

クリオン島の高校生たち。ほとんどがハンセン病患者の子孫だ

巻頭総力特集

フィリピン 輝きを増す、元「隔離」の島

「ハンセン病患者の島」を旅する

刻印を解き放つ人びと

文・写真 石山永一郎

クリオン島はサンゴ礁に包まれている。透明度の高い海を求める観光客も増えている

フィリピン西部、カラミアン諸島クリオン島。サンゴ礁の海域に囲まれた島は、しかし暗い歴史を持っている。かつて、ハンセン病の患者をここに閉じ込め、隔離する島だったのだ。

しかしハンセン病が撲滅したいま、時代は変わり、島は元患者と、その子孫たちが穏やかに暮らす場所となっている。そんなクリオン島を訪ねてみた。

教会の鐘が鳴った。荘厳な鐘の音が波間に漂う。

船着き場からの坂道で振り返って見た海はサンゴの花畑のようだった。風が止むと波しぶきひとつ立たない湖のような内海だ。

島を訪れるのは1年ぶりだった。前年と同じ、クリスマスイブの夕刻だった。プルメリアの白い花弁もヤシの木立も夕日を浴びてオレンジ色に染まる。

島を初めて訪れたのは1996年と20年以上の遠い昔だ。以来、何度もここを訪れるようになった。

クリオン島はかつて、ハンセン病の強制隔離島だった。

しかし、訪れるたびに、島は明らかに輝きを増している。

クリスマスのにぎわいだけではなかった。高台には小さなホテルがいくつかでき、「秘境の海」を求めるダイバーら外国人観光客も訪れる島になりつつある。

坂道沿いの小さな2階家の前に立っていた76歳のマクセンシャ・ゴンザレスは会うなり言った。

「また来ると思っていたよ」

何の約束もしていない突然の訪問だったが、彼女は「クリスマスだから、あなたが来ると思っていた」と言う。

いつものように、彼女はけらけらと笑った。上の歯が半分欠けた口を開けて、くすぐったげに身をよじる。

家のなかに入ると、夫ラウルがクリスマスの食卓を用意していた。鶏の唐揚げにトマトが添えられただけの質素なディナーだった。

「あなたがくれたワインがまだある」

ラウルが赤ワインのボトルを棚から出してきた。1年前に世話になったお礼に渡したワインだった。

わずか8歳で発病

マクセンシャは島でも数少なくなったハンセン病の元患者だった。

「発病は8歳のとき。顔に斑点が出て陽性と分かった。まあ、両親とも患者だったからねえ」

淡々と彼女は過去を語る。ときにはけらけらと笑い声を立てながら。

クリオン島はアメリカ治下の1906年、ハンセン病の強制隔離島になる。フィリピン中から患者が「犯罪者のように」集められ、35年に人口は約7000人に

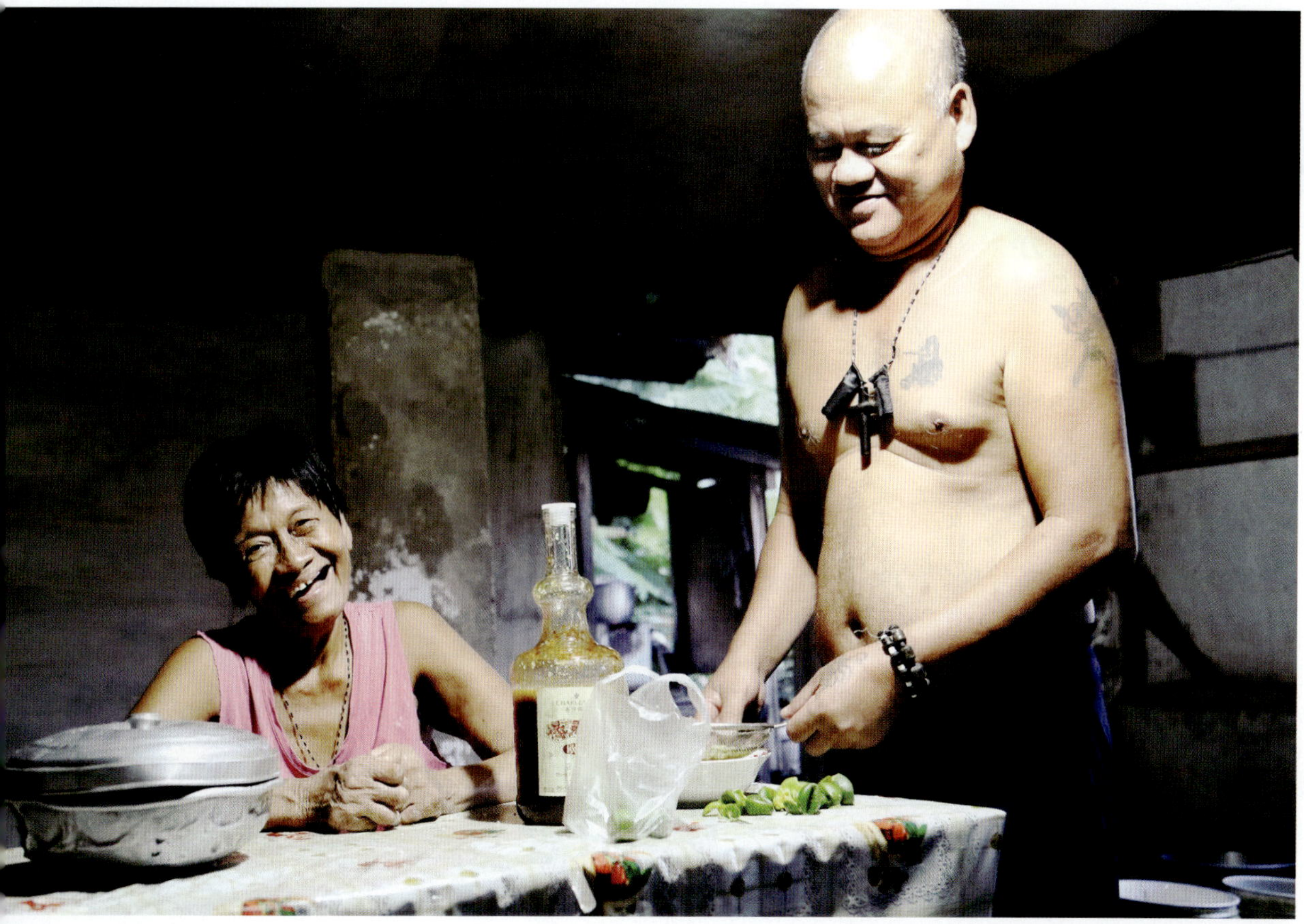

元ハンセン病患者のマクセンシャ・ゴンザレスと夫のラウル

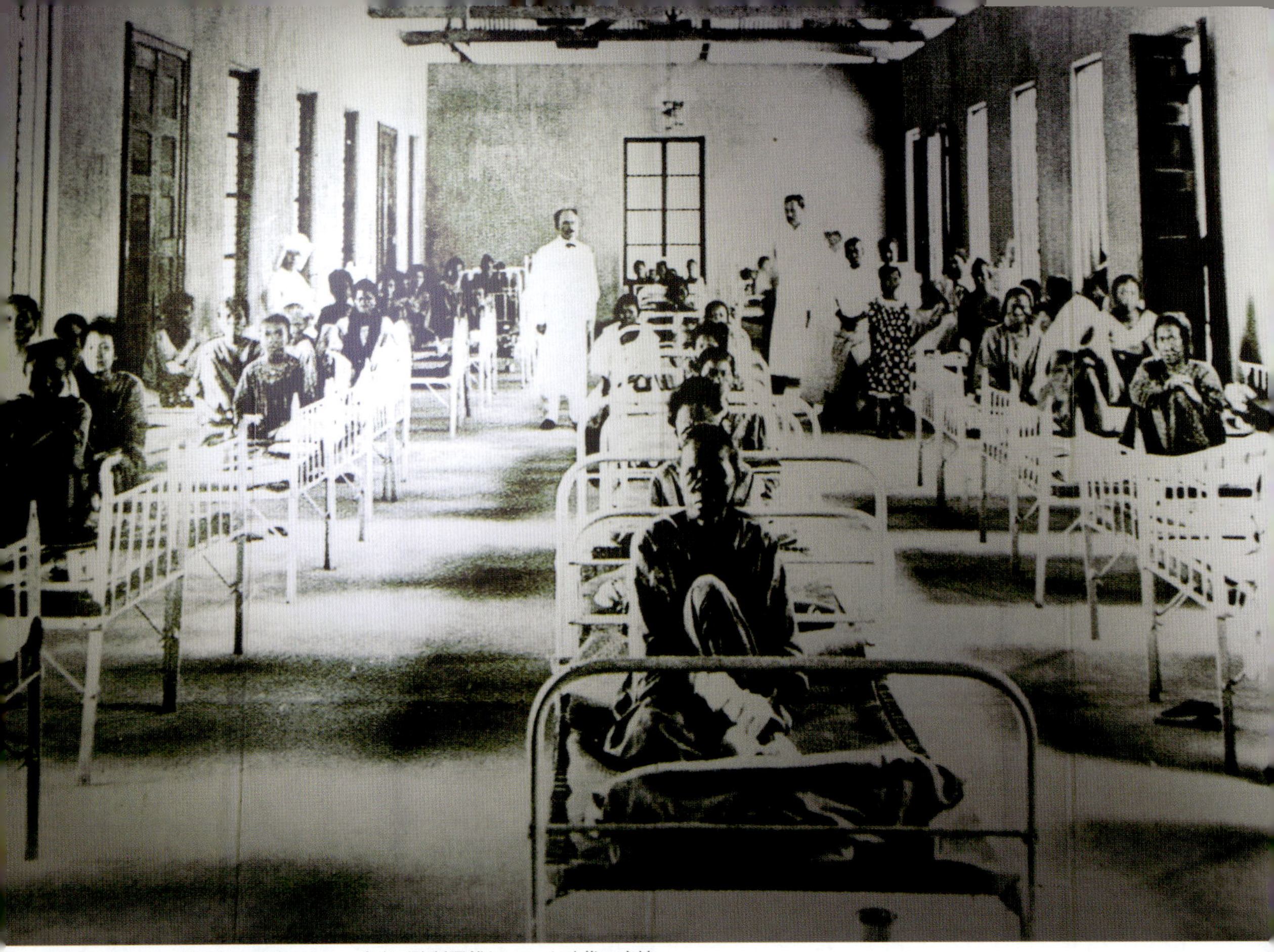

改装されたクリオン博物館の写真パネル。患者が強制隔離されていた時代の病棟

達する。

マクセンシャの両手指は病の後遺症で第2関節から内側に曲がったままだ。ただ、そんな身の上も、島と家族の歴史も、彼女はとことん陽気に話す。負の記憶からも彼女は自由であるように見えた。

両親はフィリピン中部セブ州出身だった。

「ここを地獄のような島だと思っていた母は、来るのが嫌で家の天井裏に隠れたりした。でも、最後は警察官だった祖父に説得され、泣きながら保健当局に出頭した」

1930年代の話だ。

「同郷の父と母は島で出会ってすぐ愛し合い、すぐに私が生まれた。父は漁師だった。島に来てからの2人は幸せだったと思う」

クリオン島では当初、生まれる子への感染などを理由に患者の結婚は禁じられていたが、患者同士は次々と恋に落ちた。結婚が禁じられているため女性は未婚のまま子を産み、島で働く保守的なカトリック修道女を嘆かせた。

患者たち自身が島の未来を変えた

1932年に患者の反乱が起きる。恋愛や結婚の自由を求め、男の患者が棒や刀を手に女子寮前に集まって声を上げたのだ。

この「反乱」は、当時の島では「マンチュリア（満州）」と呼ばれたという。日本が中国侵略の足がかりを築き、アジア中に衝撃を与えた満州事変となぜかなぞらえているが、要求ははるかに穏やかだった。

「女性の患者たちと一緒にダンスやピクニックをしたい」

女性たちもこの反乱を歓迎、修道女たちの制止にもかかわらず、次々と寮を飛び出した。

この「マンチュリア」以後、結婚は自由になる。

かつての日本に存在したハンセン病患者らへの断種、堕胎の強要など恐ろしい差別政策はここではなかった。断種や堕

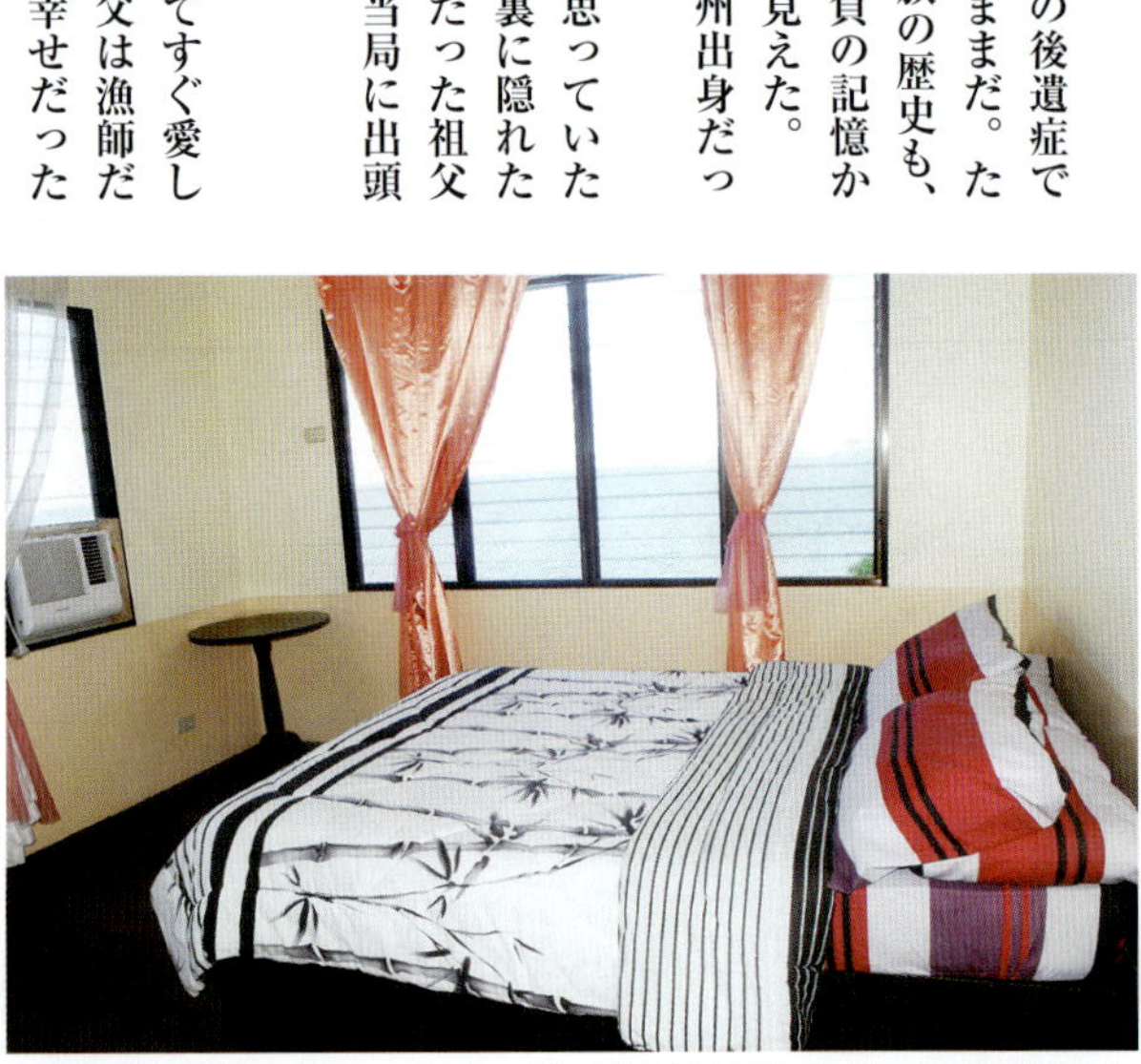

クリオン島にできたホテル・マヨの一室。高台にあり窓からサンゴの海が見える

胎にはカトリック教会も反対した。

島の未来が変わった。

現在の島の人口は約2万人。患者と医療関係者、教会関係者だけが暮らしていた時代の3倍だ。マクセンシャら存命の元患者は約80人だけになった。元患者もみな回復者で、手足などに後遺症が残っている人も多いが、みな陰性となり、感染の恐れはない。残りの住民のほとんどは患者の子孫で、人口は増え続けている。

かつて島には患者らとほかの者の居住区を分けるゲートがあった。

マクセンシャによると、

「通るときは外出許可証が必要だった。患者の居住区だけで使われる貨幣もあった」

だが、特効的治療法確立後の1964年、フィリピンではハンセン病患者の隔離を解く法改正が実現、ゲートは消えた。島外訪問も自由になった。

マクセンシャはゲートが消えた64年当時の解放感を「自由が胸いっぱいに広がった」と記憶している。

「悔やんでも悔やみきれない」

治療法確立後も、当時の日本ではまだハンセン病者の絶対隔離は続いていた。ハンセン病はもともと感染力が非常に弱い病気だが、「天刑病」「文明国の恥」などと見なしてきた歴史を持つ日本では、患者隔離の根拠となってきた「らい予防法」がようやく廃止されたのは1996年だ。フィリピンに遅れること30年。彼我の差はなんだったのか。

日本では、治療法確立後も隔離だけでなく、患者への断種や堕胎の強要は続き、子を持つ回復者はまれだ。

岡山県瀬戸内市の「長島愛生園」は、クリオン島をモデルに1930年に造られたハンセン病の隔離施設だ。

現在は約190人の回復者が暮らすが、平均年齢は85歳。ここも瀬戸内海に囲まれた孤島型の施設だが、クリオン島のような子どもたちのはしゃぎ声などはまったく聞こえてこない。

長島愛生園は、近年、クリオン島との交流を始めている。

クリオン島を2015年に訪れた入所者自治会事務局長で81歳の石田雅男は、

「島民の大歓迎を受けて本当に感激した。過去の差別による痛みは決して忘れられないが、過去に縛られずに生きるクリオンの人々には大切なことを教えられたように思う」

と話す。

クリオン島の元患者が子や孫を持つ姿には、

「悔やんでも悔やみきれないほどうらやましかった」

とも石田は打ち明けた。

太平洋戦争中の悲劇

マクセンシャはマニラの大学を出て島

強制隔離島だった時代、患者とほかの者を分けたゲートの跡

クリスマス・イブのイマキュラーダ・コンセプション教会

の高校教師になった。20代で結婚し、いまはマニラで暮らす娘を産む。

「女たらしだったねえ」

という前夫が病死後、54歳のときに22歳年下のラウルと再婚する。

「『もう子どもは産めないよ』と言っても、彼がいいって言うから。老後の心配がなくなったと私は思ったけどね」

そう言ってけらけらと笑う彼女の横で、

「この人のやさしさ、働き者なところに惹かれた」

とラウル。「女は妻ひとり。浮気は悪運を招く」が信条のきまじめそうな家具職人。彼も患者の子孫だ。

「島では病への差別などあり得ない」とマクセンシャは言う。

実際に島の高校で女生徒たちに聞くと「ひいおじいちゃんがその病気だった」「うちはおばあちゃん」。生粋の島出身を誇るように、誰もがためらいなく話した。

20年ほど前に、初めてこの島を訪れたときには、ひと目でその病と分かる老人が町を歩く姿を何度か見かけたが、当時も人びとが特別なまなざしを向ける様子はいっさいなかった。

そのころの島にはホテルもなく、クリオン総合病院のベッドを借りて、まだ20人ほど当時はいた入院患者たちの横で寝た。

当時の入院患者たちは70歳以上が大半で、太平洋戦争を体験していた。

日本軍のフィリピン侵攻後、それまで送られてきた首都マニラから島への食料や薬の輸送が途絶えた。戦争末期には、近海で日本海軍と米軍との激しい戦闘があり、島は完全に孤立した。

島に残る統計では、１９４１年から44年の間に２５６７人の患者が死亡している。

「夜になると、動けない患者たちが『食べ物をくれ』と泣き声を上げ続けた。死んだ者のうち約５００人は餓死だった」

「遺体を埋葬する余裕もなく、病棟の横に掘られた深さ3メートルほどの穴に投げ込まれるだけだった。病棟には常に死臭が漂っていた」

かつてハンセン病患者のサナトリウムだったクリオン総合病院

当時の患者たちは口々にかつての悲劇をそう証言した。

治療でハンセン病を区別しない

クリオン島は1998年にハンセン病の根絶を宣言した。

59歳の医師アルトゥール・クナナンは、「島外からの差別もほぼ消えたが、内なる刻印、自己差別から脱け切れず、家に引きこもる回復者もいる」

と話す。そのクナナンもマクセンシャの名には笑顔になった。

「彼女は元患者のなかでも特別だろうね。負の刻印を見事に解き放って生きている」

サナトリウムから「クリオン総合病院」と名を変えた島の病院は、設備が整っているため、現在は周辺の島から救急も含めた一般患者がやってくる。病棟にはハンセン病から回復したが、身寄りのない高齢者5人が暮らすが、傍らには別の病気の入院患者がいた。

「治療でハンセン病を区別、差別しない」

祖母が患者だった島出身の医師クナナンの長年の悲願が実現していた。

病院の施設内にあった「クリオン博物館」は昨年秋に全面改修され、2階建て7ホールの近代的展示施設になった。以前の博物館は展示物も少なく、老朽化していたが、今回の改装で施設面積は大幅に広がり、島の歴史の詳細が視覚に迫る貴重な博物館に生まれ変わった。

島内にゲートがあった時代の病棟の巨大な写真パネル、特効薬開発前の唯一の薬だった大風子油《だいふうしゆ》の瓶詰め、感染予防を目的としてハンセン病患者の母親から生まれた子を引き離すための乳児病棟を再現した展示などもある。

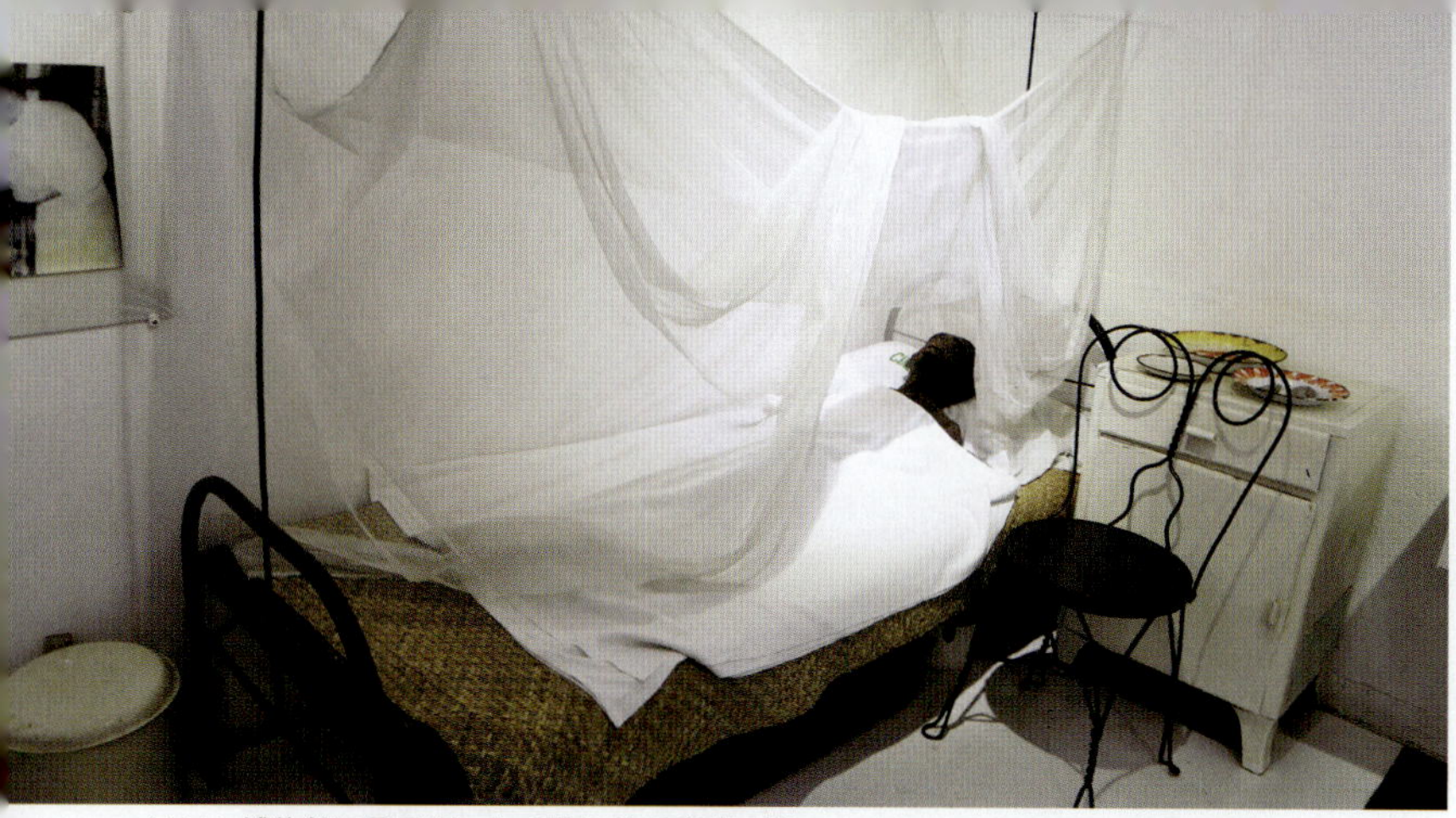

クリオン博物館に展示されている死の床の患者の姿

なかには、ベッドに横たわりながら死を迎えつつある患者の姿を等身大で生々しく再現した、どきりとさせる展示もあった。こういう展示をあえて加えるところは、病への差別を克服してきたこの島ならではだろう。

デザインや展示物の選択をしたのは医師のクナナンだ。

「生々しい展示ですね」

というと、旧知の彼はにやりと笑った。

島は博物館を新たな記念碑的名所にしたいとしており、すでに外国人観光客も訪れるようになっている。

教会の鐘がまた鳴った。

クリスマスの深夜ミサの始まりを告げる鐘だ。

スペインによる植民地時代から島の岬の上に立つイマキュラーダ・コンセプション教会は華やかに飾りつけられていた。

振り香炉からの乳香が漂う中、聖歌隊の歌声が響く。

ミサにはひざまずいて祈るマクセンシャの姿があった。手を組み、じっと目を伏せていた。

「何を祈ったの?」

後で聞くと「おいしいものがたくさん食べられるように」祈ったとか。

少々あきれて首を振ると、彼女はまた声を立てて笑った。

午前1時を過ぎた島は漆黒の闇に包まれた。空には金星がサーチライトのように輝いていた。

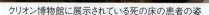

都市が抱える光と影

シンガポールの憂鬱

あふれる下層老人、貧困層

外国人労働者との軋轢

マスコミ、政府不信

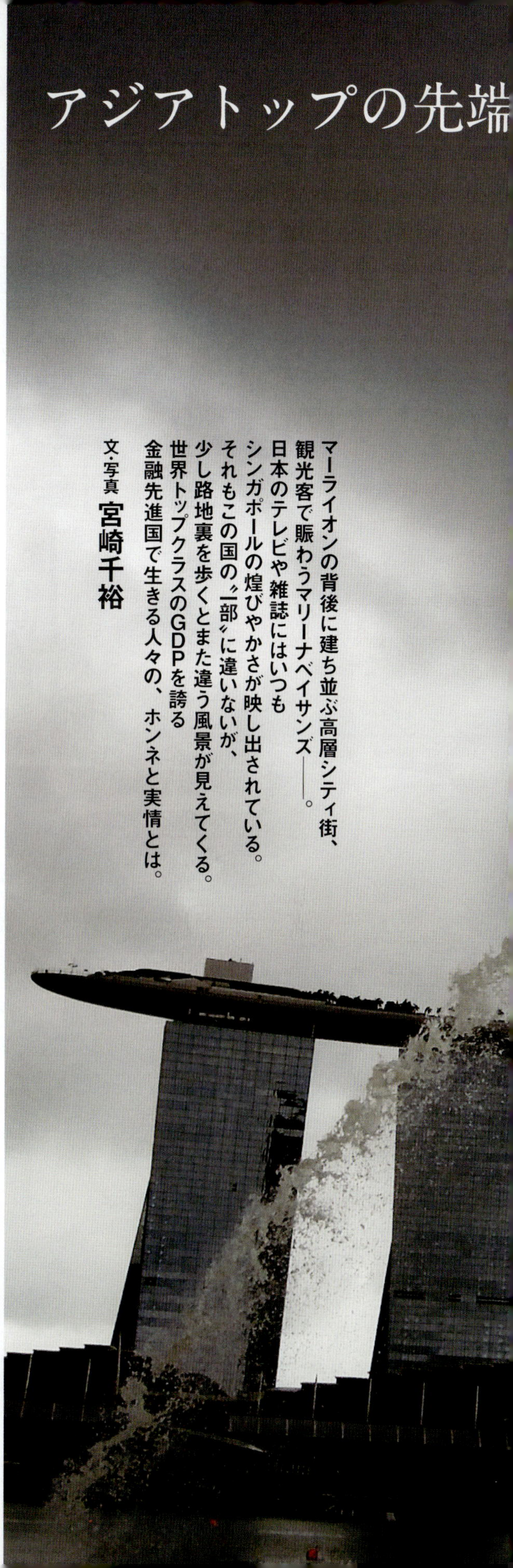

アジアトップの先端

マーライオンの背後に建ち並ぶ高層シティ街、観光客で賑わうマリーナベイサンズ——。日本のテレビや雑誌にはいつもシンガポールの煌びやかさが映し出されている。それもこの国の"一部"に違いないが、少し路地裏を歩くとまた違う風景が見えてくる。世界トップクラスのGDPを誇る金融先進国で生きる人々の、ホンネと実情とは。

文・写真 **宮崎千裕**

ティッシュ売りは免許制 シンガポールにもいる"下流老人"

観光地として知られるチャイナタウンのはずれにある歩道橋、杖をつきながら立っている高齢の男性を見かけて1S$コインと引き換えにポケットティッシュ3つを受け取ると、中国語なまりの英語で「サンキューラ（ありがとう）」とひと言。

自分の老父の容姿と比べれば、この老人も同じ70代後半だろうか。着古したポロシャツの胸元には、NEA（シンガポール国家環境庁）から交付されたバッジ。物乞いが法律で禁じられているシンガポールで、彼は政府から正式に"Street Hawker（露天商）"と認定され、1日に10〜20人の通行人にティッシュを売って生活をしているという。

2014年にシンガポール政府がこうした人々から月10S$（約820円）のライセンス料を撤収すると発表した際、「与党PAP（人民行動党）には弱者を憐れむという気持ちがない」「月収数百万ドルの大臣がろくに働けない老人からお金を取るのか」といった批判がネット上で噴出する一方で、「政府を非難するほうがおかしい。本当に困窮しているなら支援団体に援助を求めればいい」「罰金300S$（約2万4600円）にあたる違法な露天売りの移民もいる」など、複雑な国民感情をかいまみせる声が上がった。

杖をついたまま歩道橋に立ち続けてティッシュを売るこうした老人が、シンガポールの路上にはたくさんいる

深夜のコンビニでアルバイトをする老人が話題になる日本と同じように、アジアの"金融ハブ"として富裕層が暮らすイメージが定着したシンガポールでも、ホーカーセンター（屋台村）や交通機関、ショッピングモールで高齢者が清掃係として働き、街中で段ボールを集めて小銭を稼ぐ姿は当たり前の光景になっている。年のせいか足をひきずりながら仕事をしている人も多い。

シンガポール人の65歳から69歳（約7万4900人）の就労率は約40%。約10年前の2006年の24%と比べると明らかに激増している。多くの老人が生活のために働く高齢化社会なのだが、この国が歴然とした格差社会でもあることは、貧富の差をあらわすジニ係数からも明らかだ（就労率はMOM＝人材開発省、2016年調べ）。

チャイナタウンのテンプルストリートで段ボールを集める男性。その時々によって相場は異なるが100キロで10S$前後の収入になるという

1990年代から2000年代前半にかけて、東南アジアでマレーシアとジニ係数の最高値という不名誉な記録を競ってきたシンガポールだが、最新の統計では0・45と、G7の中で最大のアメリカ(0・41)より格差がひどい。45年ぶりのワーストを記録した香港(0・53)よりはましという結果が出ている(0~1で表示。1に近いほど不平等)。

この結果についても「これが実態? フェイクニュースじゃないのか」などとネット上では辛口の反応が上がったほど。いずれにせよ、先進国の中でもトップレベルの貧富差があることを多くのシンガポール人は自覚している。

この国が「アジアで最も清潔な国」なのは、清掃業で働くお年寄りや移民の存在が大きい

「子供の世話になりたくない」屋台で働く70代女性の呟き

「動けなくなるまで働くよ。大好きな煙草をやめたくないし、子供はいるけど、余計な世話にはなりたくない」

オフィス街のホーカーセンターで働くリー・メイさん(70代半ば)は以前、フルタイムの清掃人として毎月800~1000S$(約6万5600円~8万2000円)を稼いでいたが、4年前に癌を患った後、週3、4回勤務のパートに切り替えたという。

「この国は狭くて娯楽が少ないし、家で1日中テレビを観ていたら逆に体調が悪くなる。働くほうが健康にいいのよ」

と話すリーさんのいまの月収は350S$(約2万8700円)前後で、営業マンをしている息子が家に入れるお金はその3分の1にも満たない150S$(約1万2000円)ほど。物価高ランキングでつねに世界トップクラスのこの国で彼女が楽な生活をしていると言いがたいことは、容易に想像がつく。

シンガポールにもCPF(中央積立基金)という年金を中心にした社会保障制度がある。ただ、歴史が浅いため十分な積立金がないまま退職した高齢者や、急速な経済成長で価格が高騰したHDB(※)のローン返済などにCPFを充てて、リタイヤ資金が途中で底をつく人が相次いでいるのだ。

「『子供や孫の世話になりたくない』という理由で働くお年寄りはもちろんいるでしょうが、強がりやプライドもあると思います。この国で一番困窮しているのは、CPFがない時代から働いて、年金を受け取れない高齢者ですよ。当然、本音では子供に頼りたいと思っているはずです」

闘病中の母親を支えながら会計事務所で働く華人系シンガポール人のヘゼルさん(33歳)はそう話す。

日本では政府が家庭教育に介入する「家庭教育支援法」を自民党が推進しているが、少子高齢化が進むシンガポールでは、早くから〝親孝行〟が法律で義務化されてきた。1996年に制定された「両親扶養法」は、余裕があっても老親の扶養を怠る子供に6か月以下の禁固、または5000S$(約41万円)以下の罰金を科している。「国に頼るな。親の面倒は子供が見ろ」ということだ。

「法律の存在を知らない高齢者もいるかもしれません。あとは親の面倒を見る経済的余裕がない子供と疎遠になったケース、言い方は悪いですが子供に棄てられた人たちもいると思います」(ヘゼルさん)

シンガポールの〝マック難民〟〝富裕国〟にもいるホームレス

生活不安はこうした高齢者だけの問題ではない。一昨年、地元紙に掲載された「Meet Singapore's McRefugees(シンガポールのマック難民によろしく)」という記事によると、「エアコンを入れていなくて寝つけない」「HDB内の近所の音が騒がしい」といった理由から、

※HDBは国民の約8割が暮らす低~中間所得者を対象にした公営住宅。郊外の中古でも70㎡で3500万円前後~。2009年に竣工した50階建ての高層物件「ピナクル・アット・ダクストン」はHDBでは異例の112万S$(約9100万円)で売買されたことが国内で話題になった。

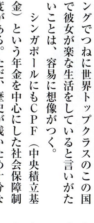

空調やWi-Fi環境が整ったマクドナルドで朝まで過ごす人や、借金が原因で一家離散となり入り浸る人がいるという（2016年9月11日付「The Straits Time」）。

53歳の男性は自宅のリフォーム代として1万9000S$（約155万8000円）を借りたことがきっかけで闇金にはまり、家を売って妻や子供3人と離別した。昼は公園のベンチで過ごし、ショッピングモール内でシャワーを浴びてからマクドナルドの配達員として夜間に13時間働いているという。現在の月収は約1500S$（約12万3000円）。「政府の支援を受けて失ったものを取り戻したい」とその男性は語っている。

もちろん政府もこうした状況を放置しているわけではない。

リー・シェンロン首相（リー・クアンユー初代首相の長男）の肝煎りで2005年、2・5億S$（約205億円）の資金をかけて低所得者に就労や福祉施設の紹介など生活支援を行うコムケア（ComCare）がスタート。コムケアから財政援助を受けた人（月収650S$＝約5万3300円未満、世帯の場合は月収1900S$＝約13万9400円未満）は、2012年の2万572世帯から2015年の2万9511世帯と増えている。ちなみに何かしらの支援を受けている5人に1人は35歳以下の若者だ（MSF＝社会福祉省調べ）。

Wi-Fiやエアコン代の節約のために外出先で勉強をする若者は、マクドナルドに限らずスターバックスなどにあふれているし、早朝のフードコードで疲れ果てて寝ている外国人労働者を見かけることもある。日本のテレビに映る華やかさがこの国そのものであるわけがなく、むしろ興味深かったのは、今回の取材を通して知り合った同業のシンガポール人の反応だった。

「McRefugees（マック難民）という言葉は初めて知ったけど、マリーナベイサンズのような観光スポットにいる浮浪者はすぐに保護されるだけで、トア・パヨー（シンガポールの下町地区）の自宅裏には3～4人のホームレスがいつもいる。コムケアにしても実際に援助を受けるまでの審査はかなり厳しいはず。与党は国民からの批判があるから渋々援助をしているけど、本音では貧民層にお金を使いたくないんだと思う」

シンガポール（平均寿命は83.1歳）は日本を凌ぐスピードで高齢化が進んでいる

ダブルインカムで成立する一般家庭のシビアな家計簿

マーライオン公園から歩いて約15分のサンテック・シティは、人気の風水スポット「富の泉」の噴水をガラス越しに見渡せる国内最大級のショッピングモールだ。いつも何かしらのイベントを行っているが、とくに各社がブースを設けるブライダルフェアは毎月恒例の催しで、この日も10以上ある簡易ブースに陣取るコンサルタントの話にカップル数組が頬を寄せ合って聞き入る姿は微笑ましい。シンガポール人は路チューもするし、見ているこちらが恥ずかしくなるほど顔を近づけ、見つめながらお喋りする。愛情表現はかつての宗主国・英国ゆずりなのか、とてもオープンだ。

ここ数年、中国で、ハネムーンとは別に披露宴で飾るウェディング写真を撮影するためだけに海外へ行く「前撮り」が流行だが、シンガポールでも欧米を筆頭に台湾や韓国、日本などが人気の撮影先となり、こうした催事で売り出されている（衣装、メイク、ホテル代などパッケージで3000S$＝約25万円前後～）。

約4年前の2014年、このモールに近い会場でクレジットカードにまつわる相談機関の設立10周年イベントが行われた際、当時のターマン・シャンムガラトナム財務相は「カードトラブルに陥る人

の半分以上が高卒以上（の高学歴）で、旅行や自動車といった贅沢品の過剰消費も原因のひとつだ」とコメントした。

大臣がどこまで意図して発言したのかはさだかでないが、若い層が借金苦に陥るのは、よくいわれるシンガポール人のプライドや見栄に一因しているという見方があるのも事実だ。母親を支えながら働くヘゼルさんでさえ、

「ウェディングは一流ホテルで盛大に挙げたいし、新婚旅行とは別に写真を撮りに外国へも行きたい。show off（自己顕示欲）は、中国の流れをくむ私たち華人系シンガポール人（※）の志向かもしれない」

と自嘲気味に話すほどだ。

多民族国家の中のカースト
成長を底辺で支える外国人

とはいえ、日常的に接するシンガポール人の多くは、ホーカーで食べる4～6S$（約320円～490円）のランチ選びにも慎重なぐらいお金にシビアだし、貯蓄にも余念がない。それは一般のシンガポール人の平均月給が4056S$（約33万3000円。2016年MOM調べ）と突出して高いわけでなく、高騰する住居ローン、苛烈な学歴競争社会でかかる教育費、市場原理にゆだねられた医療費、さらには親の介護と、夫婦のダブルインカムでようやく家計が成り立つ現実からすれば当然のことだろう。

「あの〝フィリピノ〟が10月から新しい店長になるんだよ」

近所の飲食店で働くインド系シンガポール人のディープ（29歳）は温厚で家族想いの若者だが、職場での異動話をしてくれた時、普段は名前で呼ぶ同僚への微妙な〝ニュアンス〟の変化に驚いたことがある。オーナーへの当てつけもあったのか数日後、彼は後輩ウエイター2人を連れて店を辞め、隣駅に開店したレストランへフロアマネジャーとして転職した。

シンガポールの人口約561万人の約7割は、中国系やマレーシア系、インド系などの国民や永住ビザ保持者で、残りの約3割は駐在員などの長期労働と、建築現場などで働く短期労働の外国人だ。少子高齢化もあって2030年までに690万人まで人口を増やしたいシンガポール政府は、毎年約3万人を永住者として受け入れる一方で、「仕事を外国人に奪われるかもしれない」「外国人のせいで地下鉄やバスが混むようになった」といった国民の不満に敏感だ。

今年に入って、ここ数年で最大規模といわれる3000人前後の日本人駐在員とその家族が帰国し、島内の狭い日本人コミュニティで話題になった。これも、政府が自国民の職場確保を優先させるため、外国人（ホワイトカラー）向けの就労ビザの発給基準を大幅に厳しくしたからで、「民族、言葉、宗教に関わらず」というフレーズが政府行事に入ったり、HDB内に民族比率の決まりがあったりするのも、移民・民族問題がこの国ではデリケートマターであることの証左だろう。

早朝、建造中のコンドミニアムやオフィスビルの前に止った中型トラックの荷台からぞろぞろと降りてくる労働者を見かけることがある。中には、仕事が終わっても寮に戻らず深夜まで路上で携帯をいじっている人影も。高額な仲介費用（2000～1万2000S$＝約16万4000円～98万4000円）を払って、バングラデシュやスリランカ、カンボジアなどから渡ってくる彼らは、若いシンガポール人も嫌がる土木・建築作業、メイドといった単純労働に就く外国人労働者だ。最低限の福利厚生は雇い主

※華人系シンガポール人は国民の約74%を占める。

フィリピン系移民のたまり場として有名なオーチャード「ラッキープラザ」

朝方のマリーナ湾。観光客から見たシンガポールの風景だ

が負担するが、居住先の自由はなく、何年働いても永住権を得ることもなく、メイドは妊娠すれば国外退去となる。3K労働を異国でこなすストレスと待遇への不満から、2012年11月にはバスのドライバー171人による2日間のストライキが、2013年12月にはリトルインディア地区で400人規模の暴動が起きている。

炎天下の午後、スーツ姿のシンガポーリアンが闊歩するオフィス街の建設現場の片隅で、虚ろな眼差しで束の間の休憩を取る彼らの姿は、シンガポール経済を底辺から支え、成長の原動力になっているにも関わらず、最も遠く置き去りにされている存在に映る。

リー家の内紛から表面化した言論とマスコミ統制の手法

シンガポールはよく〝明るい北朝鮮〟と揶揄される。確かに地元の新聞社（シンガポール・プレス・ホールディング）やテレビ局（メディアコープ）は政府の強い影響下にあるため、政府批判のプログラムを日常的に見聞きすることはない。ただし、国内の問題はネットニュースやSNSを通して共有されているし、既述したようにシンガポール人は家族や友人同士で政府や多民族への複雑な感情をごく普通に口にする。

とくに昨年8月、リー・シェンロン首相の甥にあたるシェンウー氏（32歳・現ハーバード大学特別研究員）が「政府による拘束の危険を感じてシンガポールから逃れた」とフェイスブックに書き込んだことは、建国以来の騒動だった。そもそもは首相の実弟（シェンウー氏の父親）と実妹の告発に端を発したリー一族の内紛だったが、相手が欧米メディアでも一国民でも、名誉棄損などで高額賠償を求めて記事を取り下げさせるこの国のメディアコントロールの手口を身内が暴露するかたちになっているからだ。

2年前には、「国民がCPFに積み立てたお金をリー首相は不正に流用しているのではないか」とブログで主張し、首相本人から名誉棄損で訴えられていた元公立病院勤務のロイ・ガーングさんに、15万S$（約1230万円）の損害賠償が命じられた。

それでなくても2013年からスタートしたライセンス制で新たに締めつけの対象になったネットメディアには、こうした訴訟を恐れて記事内容の自己規制をしているところも多い（「報道の自由度ランキング」でシンガポールは180か国中151位。「国境なき記者団」2017年調べ）。

昨年9月16日、チャイナタウンの一画あるホンリム公園（※）には、「#Not my president」と胸にプリントされたTシャツを着た人々を中心に、1000人近い国民が集まった。初代ユサフ・イサーク大統領以来50年ぶりにマレー系のハリマ・ヤコブ氏が、初の女性大統領（※）として、事実上の無投票で選ばれることが伝えられた直後、「選考のプロセスが不透明だ」「特定の民族を優遇するのは逆差別」などと訴えるシンガポール人によって大規模な抗議集会が開催されたのだ。

「（主流の）華人系ではない、かつ初の女性大統領という聞こえのいいトピックで、リー家の一連の騒動や政治不信を国民が忘れてくれると思ったのではないか。オープンでない大統領の選考は、シンガポールが法治でなく人治の国であることを象徴する出来事だと思う」（抗議集会に参加した30代男性）

国民の〝ガス抜き〟の役割を果たしてきたSNSだが、赤道直下の貧国を世界トップクラスの先進国へ押し上げた〝創業家一族〟のつぶやきで言論統制の内実が表面化し、国政に影を落とす一因になっているとしたら、あまりにも皮肉な話だ。（昨年10月20日、以前から体調不安説が囁かれていたリー首相は、数年内での退任の意向を発表した。後任は未定）。

ガンの治療代が6000万円以上？ 将来に不安を感じる人たち

「Sometimes I feel I am better off dead than face this mountain of bills（借金のことを考えるより、死んだほうが楽だと思う時もあります）」

ステージ4のガンと診断され、手術費などで75万S$（約6150万円）の治療代を病院から請求されている37歳のシンガポール人女性が今年10月、フェイスブックに複雑な心境とともに寄付を募ると、先行きへの不安に共鳴する人たちを中心に2日間で300人近くにシェアされ、100件を超える励ましや激励のコ

※ホンリム公園には、デモや言論の自由が制限されているシンガポールで唯一、個人が公に自由に主張できる「スピーカーズ・コーナー」がある。ただし、集会は政府の監視のもとで行われ、スピーチできるのは国民のみ（外国人は参加不可）。

※シンガポールの大統領職は、最高裁長官や国防長官などの政府高官の任命権といったごく一部の権限しか持たない名誉職とされている。

※短期移民労働者の搾取・人権問題の詳細については、独立系メディア『New Naratif』の記事「シンガポールの移民労働者の神話と事実」（2017年9月9日付。インドネシアのビヌス大学副学長カランパル・バル氏著）などを参照。

リトルインディアは島内のインド系移民が休日に集まる〝聖地〟

メントが寄せられた。

「シンガポールには政府系の公立病院と民間病院がありますが、日本人の感覚からすると30歳前後の一般的な会社員（国民）で公立病院だと50％負担、民間病院なら70％負担です（※）。公立病院の歯科はとくに患者が多く、予約が4か月～半年待ちというのもざら。ましてや何度も治療が必要なガンのような病気はことさらお金がかかる。だから放置して悪化させてしまう人も多いのです」

2000年代前半にシンガポールに移住し、美容室を経営して永住ビザを取得しながら昨年、夫婦で日本へ本帰国した木原聡さん（仮名・47歳）は電話口の向こうでそう話す。

木原さんは医療費をカバーするため、民間の医療保険に年3800S$（約31万1000円）を払っていたが、周囲には年間で5000S$（約41万円）以上の掛け金を保険に費やす人がざらにいたという。

「老後に備えて日本へ帰ったら、値上げが続く介護保険料など社会保障の切り下げにびっくりしています。単純な比較はできないですが、入院費用などを補う公的な医療制度はあるものの、国民皆保険がないシンガポールは病気や離婚などでいったん問題が生じると、貧困のサイクルに陥るリスクの高さは日本以上かもしれません」（木原さん）

経済発展を海外からの投資に頼り、法人税や所得税を低く抑えているシンガポール政府は、国民や外国人労働者に対して自己責任の原則を貫いてきた。しかし、高齢者の低福祉がその親を支える子供世代の生活も巻き込むなど、SNSでくすぶり続けるさまざまな不満に対応するため、約45万人のパイオニア世代（独立後の国づくりに貢献した国民）への医療費補助策などを数年前から打ち出している。

「国をあげて盛大なパレードが行われる独立記念日（8月9日）に毎年雨が降らないのは、政府が天候を操作しているから」

一党支配のもと、冗談のような都市伝説が囁かれるまでの急成長を遂げたシンガポール。生前、国父リー・クアンユーは「国の方向性に誤りが生じたら墓の中からでも出てくる」と杞憂したというが、このアジアの優等生が、世代や民族間に亀裂を生みかねない諸問題にどんな舵取りをしていくのか、今後も注目される。

※正確には、公的な医療保険（任意含む）の加入状況によって国民の医療費負担はそれぞれ異なる。民間病院は原則として自由診療。公立病院では風邪のような外来診療は低額に設定されている一方で、入院が必要な病気になると病室もグレード別（空調・バス・トイレの有無、主治医指名の可否など）になり20～100％まで負担率は変わる。

【みやざき・ちひろ】新潟県生まれ。編集プロダクション、出版社勤務後に30歳でフリーランスに。企業出版物、PR誌、週刊誌、月刊誌のライター（おもに20世紀史、事件史など）を経て2015年6月からシンガポールへ移住。当地では取材コーディネート、現地フリーペーパーの編集などに関与。

ロヒンギャ族、ミャンマー人、ラカイン人の3者の主張

ロヒンギャ問題の真相

人種と文化の境目で起きている悲劇

経済発展や日系企業の進出も続くミャンマーで、近年、最も国際社会で報じられているニュース……それがロヒンギャ問題だろう。

「ミャンマーの政府と軍が、少数民族ロヒンギャを弾圧し、民族浄化すら行なっている。迫害から逃れるために、ロヒンギャ族は隣国バングラデシュに逃げ、難民キャンプで暮らしている。インド洋に船で漕ぎ出し、命を落とした人々も無数にいる。こうした状況に対して、アウンサン・スーチーはなにをしているのか。どうしてロヒンギャ問題を無視するのか。自らが軍事政権に軟禁されていた時代は、少数民族の団結を訴えていた彼女が、政権の座についた途端にマイノリティを切り捨てるのか……」

国際社会の、そして多くの日本人の認識は、こんなところではないだろうか。

しかし、問題はそう簡単ではない。

舞台はミャンマーとバングラデシュの国境地帯だ。このあたりを境として、ユーラシア大陸は人種や宗教が変わっていく。東側ではモンゴロイドや仏教徒が多く、西側ではコーカソイドでイスラム教徒、ヒンドゥー教徒が中心だ。くっきりとした色合いではなく、両者が混じり、にじんだ地域なのである。

それゆえに、強固な国が隆盛することもなく、小さな国がインドとミャンマーの間に点在し、ときに共存し、ときに争ってきた。そんな場所を、イギリスが呑み込んでいく。

そしてイギリスが撤退した後に引かれた近代の国境線は、古来から住んでいた土着の人々が必ずしも納得するものではなかった。

いま、その狭間で苦しむ人々がいる。その悲劇は悲劇として受け止めなくてはならない。

しかし、この問題については、日本で報じられているよりもはるかに多面的な意見がある。本誌では、

①当事者であるロヒンギャ族
②ロヒンギャを否定するミャンマー人
③バングラデシュ側に住むラカイン人

の3者に、語っていただくことにした。

それぞれが「歴史の正義」を持っている

在日ロヒンギャ人、アウンティン氏の意見

「ミャンマー人は、正しい歴史を学んでほしい」

群馬県館林市。夏の暑さで知られるこの街には、200人ほどのロヒンギャ族が暮らしている。ミャンマーで弾圧されたロヒンギャ族は世界各地に散っていったが、そのうちわずかな人々が日本を選んだ。この地で仕事や家族を得て、定住していった彼らのリーダーのひとりが、在日ビルマロヒンギャ協会のアウンティンさん（50）だ。ロヒンギャ族の人々は、群馬でどんな暮らしを送っているのか。そして遠い故郷のことをどう捉えているのか。

文・写真 **室橋裕和**

難民にいちばん必要なのは教育

館林市、東武伊勢崎線・茂林寺前駅までわざわざ車で迎えに来てくれたアウンティンさんは、会うなり「寒いね」と笑顔で言った。この館林は、夏場は酷暑で、冬は群馬特有の冷たい北風、からっ風が吹き降ろすため、実に寒い。

「でもバングラデシュもいまはけっこう寒かったよ」

住宅地や畑の広がる館林の郊外を走ると、やがてアウンティンさんの経営する会社が見えてくる。中古車や中古の電化製品などを扱っている。日本に根を張り、経営者として忙しい日々を送りながらも、彼は2018年1月、バングラデシュにいた。ミャンマーから逃れてきたロヒンギャ難民の子供たちが通う、学校をつくるためだ。両国の国境線となっているナフ川を渡ったすぐ先にある、最大の難民キャンプ・クトゥパロン。40万人ものロヒンギャ難民が暮らす、ほとんど巨大な街だ。

「食糧の配給、井戸水の確保、病院など、さまざまな面でＵＮＨＣＲ（国連難民高等弁務官事務所）やＭＳＦ（国境なき医師団）、それにバングラデシュ政府やサウジ、ＵＡＥなど各国が支援してくれているので、なんとか生活はできます。でも、学校が足りない」

いつ帰還できるのかわからない状態では、なかなか学校は建設しづらい。しかし、アウンティンさんはキャンプのなかで行き場もなくうろつく子供たちの姿が、とにかく気になった。人身売買の対象にされる可能性もある。それにどんな状況でも、まずは学ぶことが大切だ。

アウンティンさんは、いとこたちと協力して、私財を投入し、簡素だが学校をオープンした。そこには日本の国旗も踊る。ミャンマー語、英語、算数を教えるのは、やはり難民であるボランティアの教師だ。

「200人ほどの生徒を想定していたのですが、いざ開校したら400人くらいがやってきました」

そこで午前と午後の2部制にした。しかし、大人たちも次々とやってきた。ミャンマー側にいたときは、政府の弾圧のために学校に行けなかったのだ。大人たちはおもに、夜間に学ぶことになったという。

「教科書や筆記用具も足りないし、先生には少しでも給料を払いたい。日本政府や日本人にも支援してほしい」

ミャンマーに認められていた時代

クトゥパロンも含めて、バングラデシュ各地のキャンプにはおよそ70万人のロヒンギャ難民が暮らしているといわれる。彼らをミャンマー側に帰還させるという合意が、両国政府の間でなされたのは今年1月のことだ。

しかし、ミャンマー側に戻れば再び迫害の危険があるし、いまも続々と難民が

群馬県館林にて、取材に応じてくれた在日ビルマロヒンギャ協会のアウンティンさん

増えているなかで帰還するというのは現実的ではない。結局、帰還は棚上げのままだ。アウンティンさんは憤る。

「ミャンマー政府は、私たちを同じ国民だと認めてこなかった。不法な移民だと主張して、差別し、弾圧してきた。それなのになぜ、いまになって帰還を認めたのでしょうか。もともとミャンマーの少数民族のひとつとしてロヒンギャ族がいた事実を、知っているからですよ」

アウンティンさんの故郷は、バングラデシュが目の前に迫るミャンマーの西端、マウンドーだ。父親は地元の警察署長だったという。不法移民が果たして、警察署長になれるものだろうか。

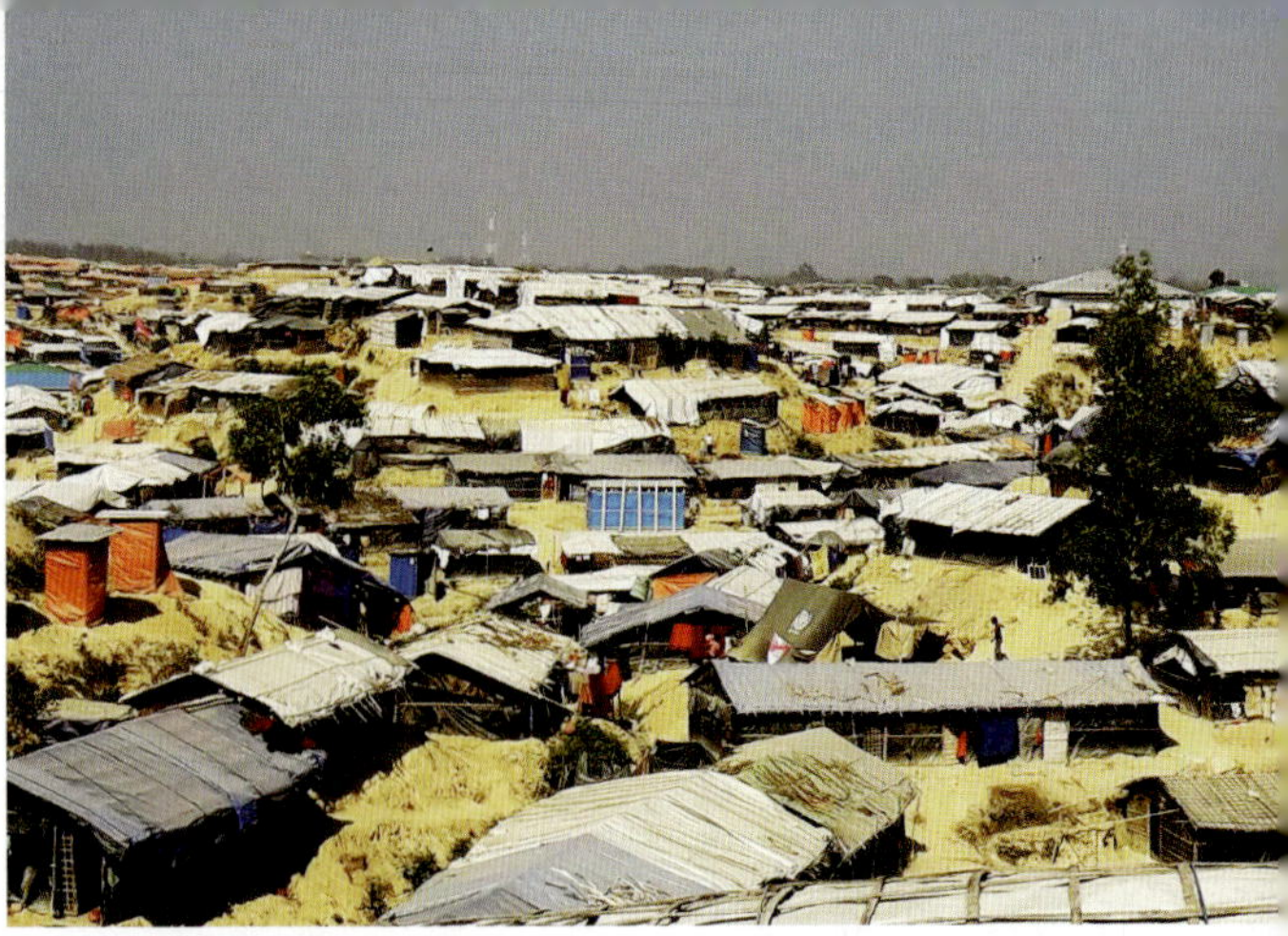

クトゥパロン難民キャンプ。もはや巨大な街といえる（写真提供：アウンティンさん）

アウンティンさんの奥さんも訴える。彼女も同郷のマウンドー出身だ。

「私の父も政府関係の仕事をしていました。不法移民にそんな仕事ができますか。それに父が定年したときの証明書の民族欄には、はっきりとロヒンギャと書かれている。ミャンマー政府がロヒンギャ族を認めていた時代があったんですよ」

1948年にイギリスから独立したミャンマーに組み入れられたロヒンギャ族は、少数民族として人権も認められ、ミャンマー国民として暮らしていたという。政府の運営するラジオ番組では、ロヒンギャ語による放送もあったそうだ。

中国とのパイプラインが影響？

ロヒンギャ族が住んできたミャンマー・ラカイン州には、15〜18世紀までアラカン王国という国があった。仏教徒であるラカイン人と、イスラム教徒であるロヒンギャ族とが共存してきた国だ。当時、アラカン王国で使われてきたコインには、アラビア語が刻まれている。

19世紀にミャンマーを侵略したイギリスが、労働力としてバングラデシュから連れてきた大量の移民が、ロヒンギャ族の源流であるという意見もある。しかし、アウンティンさんは言う。

「確かにベンガル人はいまのミャンマーにも住んでいます。しかし彼らはずっと南、モン州のモーラミャインのあたりに多いのです。彼らの話す言葉はいまでもベンガル語によく似ている。私たちとはまったく違う。すぐにわかりますよ」

古来からラカインの地に住み続けたロヒンギャの民。そこがミャンマーという枠組みに、後から囲われた。かと思ったら、お前たちはこの国の人間ではないと虐待された……。

そのはじまりが、1962年のことだった。

クーデターによって軍事政権が発足し、以降ロヒンギャ族は迫害の対象となっていく。クーデターを首謀して政権を掌握したネ・ウィンが、ロヒンギャ族を不法移民と断定し、ミャンマー人に間違った歴史を教育してきたと、多くのロヒンギャは訴える。

多民族国家であるミャンマーは、独立当初から国内のあちこちに火種を抱えていた。各地で少数民族が自治を求めて活動していたが、ラカイン人たちも同様だった。彼らの不満をそらすために、ロヒンギャ族が利用されたという。一方を下に置くことで、民族や宗教の対立を煽り、中央政府が統治しやすくする。

加えて、近年では中国の影響もあると語られる。

ラカイン州の南部に位置するチャオピューと、中国の昆明を結ぶ全長1420キロメートルにも及ぶパイプラインが建設され、2015年から稼動が始まっているのだ。これにより中国は、中東から運ばれるエネルギー資源を、アメリカの影響が強いマラッカ海峡を通らずに、イ

（左）ミャンマー建国の父であるアウンサン将軍（左から4番目）とロヒンギャ族の高官。1946年に撮影したという。ミャンマーの枠組みにロヒンギャ族が入っていたことを示す　（中）1525年に鋳造されたアラカン王国のコインには、ロヒンギャ族が使っていたコーランの一説が刻まれている　（右）40～50年前に使われていたミャンマー全図にはロヒンギャの文字もある。アウンティンさんたちはこうした資料をカレンダーにして、歴史的事実を啓蒙している

アウンティンさんが開設した学校では、たくさんのロヒンギャ族の子供たちが学ぶ（写真提供：アウンティンさん）

ンド洋から直接、輸入できるようになった。

そのパイプラインはラカイン州も通過している。パイプラインの安全は中国の安定につながる。ロヒンギャ族を排除するミャンマー政府の強硬な姿勢の影には、中国という後ろ盾があるのではないか……そんな声も聞かれる。

子供のお弁当もハラルフード

いま、日本には230人ほどのロヒンギャ族が暮らしている。そのうち9割は、ここ館林にいる。

「1994年につくった在日ビルマロヒンギャ協会の会長が、仕事の都合で館林に移ったことがきっかけです」

そう話すアウンティンさんも1999年に館林へ。「物価も家賃も安くて、住みやすい」という。彼らを頼って、国を追われたロヒンギャ族が少しずつ集まってくる。日本政府は難民を認めていないが、特別在留許可、特定活動ビザといった立場で居住し、働き、納税し、地域にも溶け込んでいる。アウンティンさんのように帰化する人もいる。

「工場で働いている人が多いね。自動車関係。日本人の会社から、人が足りないんだけど誰かいない？　なんて声がかかることもあるよ」

いまでは在日ロヒンギャの社会も2世の時代を迎えている。日本で生まれ育った子供たちは、日本の友達と日本語で遊び、学んでいる。

「でもけっこうたいへんだよ、毎日ハラルのお弁当を持たせてね（笑）。給食はハラルじゃないから」

館林にはほかにもパキスタン人やバングラデシュ人、インドネシア人などのイスラム教徒が住んでいるため、自治体としての理解もある。礼拝室を設けている学校もあるという。市内にはモスクもあり、仕事や部活動が終わった夕方は、人々が憩う場所となっている。住民からの差別もなく、過ごしやすいというが、

「週に1度は会議をして、なにか問題は起きていないか相談をしあいます。日本の法律やマナーを守っているか、文化を大事にしているか。警察や役所とも協力しています」

と、共生への努力を続ける。

「ミャンマー政府には差別や弾圧をやめてほしい。その上で、ロヒンギャ民族は生まれ育った場所に戻って、ミャンマーの少数民族として平和に暮らしたい。そのためには、ミャンマー人に正しい歴史を知ってほしい。ロヒンギャ民族が、確かにミャンマーに認められ、暮らしていた事実を知ってほしい」

それがアウンティンさんの願いだ。

【むろはし・ひろかず】週刊誌記者を経てタイに移住、現地発日本語情報誌「Gダイアリー」「アジアの雑誌」でデスクを務め、タイはじめアジア各地を取材する日々を送る。2014年に日本に帰国後はアジア専門のライター・編集者として新聞、雑誌、書籍、ウェブなど各メディアで活動中。近著は「海外暮らし最強ナビ・アジア編」（辰巳出版）。

ミャンマー人たちはこう思っている

「ロヒンギャは少数民族ではない」

テロリストを掃討して何がいけないのか。なぜ国連はテロリストや不法移民の肩を持つのか。どうして公平な報道をしないのか。これが「ベンガル人」を巡るミャンマーの人びとの嘘偽りない思いだ。本稿では筆者個人の考えをいったん脇に置き、ミャンマー人たちの言い分の代弁を試みたい。

文・写真　**板坂真季**

国際社会の不理解

　ミャンマーでは一般庶民やメディアはもちろん、リベラルな知識層も「ロヒンギャ」という単語は決して使わない。彼らはバングラデシュからやってきた移民のベンガル人であって、決して土着の少数民族などではないからだ。こうした考えは、実は日本人にこそ理解しやすいのではないだろうか。

　日本のメディアが「ロヒンギャ」を紹介する際、彼らの起源を15~17世紀頃として語ることが多い。当時、ラカイン州を統治していたアラカン王国には現・バングラデシュからやってきたムスリムが一定数住んでいた記録があり、彼らこそが「ロヒンギャ」の始祖であると。しかし、「ロヒンギャ」という単語はどの古文書にも登場しない。

　例えば古代、日本には百済や高句麗などからの一定数の渡来人が住んでいたが、彼らは何代かを経て日本に同化し、いまでは本人たちでさえ自分が渡来人の末裔だと意識している人はほとんどいないだろう。同じように古い時代にミャンマーへやってきたベンガル人は、ミャンマーの文化にすでに溶け込んでいる。そもそもアラカン王国時代のムスリムについては、学識者が古文書を当たらなければ言及が難しいほどだ。その時代のムスリムと、ここ50年くらいにやってきたベンガル人とを一緒に語るのには無理があるのではないか。

少数民族を名乗り始めたのはせいぜい50年

　さらに英緬戦争を第2次世界大戦に置き換えて、日本の立場からミャンマー人が置かれた状況を想像してみてほしい。

　英緬戦争で敗れたミャンマーはイギリスの植民地下に置かれた。イギリスはバングラデシュと接するラカイン州を支配するのに、バングラデシュから多くのベンガル人を連れてきて警察や軍に採用し、ラカイン族の間接統治に利用した。

　例えるなら、第2次世界大戦後、アメリカが近隣アジアの人々で日本の軍や警察を編成し、搾取の手段とするようなものだ。

　世界の国々が今回の件でミャンマーを非難するが、イギリスがその列に加わるのには、「諸悪の根源である、あなたたちには言われたくない」という気持ちになるミャンマー人も多い。

　独立闘争においても、ミャンマー軍と日本軍が手を組んでイギリス軍と戦う際、ベンガル人はイギリス側についた。ミャンマーの敵に回ったわけだ。

　独立すると今度は、統治が徹底できていなかった当時のビルマ政府をいいことに、食料を求めてバングラデシュからの不法移民が続き、ラカイン族とたびたび紛争を起こしている。

ARSAが大量虐殺したヒンドゥー教徒の遺体の発見を伝える現地英字紙

　その上、1971年の印パ戦争では多くの難民が流入。時代が下ってタイやマレーシアが経済発展を遂げると、そういった豊かな国へ渡るための中継国としてミャンマーに不法に入ってくるベンガル人が相次いだ。

　こうして数を増やしていくなかで、50年ほど前から彼らは「ロヒンギャ族」を名乗り始める。

　重ねて書くが、バングラデシュから次々と流入してくる人々は決して土着の少数民族ではなく、不法移民に過ぎないというのがミャンマー国民の総意だ。それだけに急に「少数民族」を名乗り始めた彼らに胡散臭さを感じている人が多い。

日本に当てはめてみると

　そもそも、ベンガル人をバングラデシュから連れてきたイギリスの資料には、彼らは「チッタゴン人」と記されており、「ロヒンギャ」という言葉は出てこない。チッタゴンとはミャンマーに近いバングラデシュの一地域だ。当時は国際世論も、ベンガル人をミャンマーの少数民族とはとらえていなかったことがわかる。

少なくとも表面上はイスラム教徒と共存できているヤンゴン市内のモスク

　2015年、日本を含む世界のメディアで漂流難民船が話題になった。当時、海路でタイやマレーシアを目指す人たちが増えていた。

　海外のメディアは十派一絡げで「かわいそうなロヒンギャ族」と報じるが、かなりの数のバングラデシュ経済難民が混じっていた。ロヒンギャ難民船を拿捕したら、乗っていたのはほとんどがバングラデシュの経済難民だったというケースもあったが、ミャンマー以外の国ではほとんど報道されることもない。ミャンマー人からは、

「バングラデシュは国ぐるみで自国の貧困層を海外へ輸出しているのではないか」

　と疑う声まである。

　こうしたミャンマー人のベンガル人に対する感情は、どれほど移民の受け入れを国連から勧告されようとも頑なにごく少数しか認めてこなかった日本人になら理解できるのではないだろうか。

　10年住もうが20年住もうが、不法移民は決して「日本の少数民族」ではないと、ほとんどの日本人は考えていないか。数十年にわたり日本に不法滞在している●●国の人たちがいたとして、日本の少数民族「●●族」として国籍と土地を与えろと要求されて、快く差し出す日本人などほとんどいないはずだ。

多産のベンガル人と少子化へ進むミャンマー人

　さらにベンガル人に対するミャンマー人の拒否感を強めているのが宗教だ。

　敬虔な仏教徒が人口の9割を占めるミャンマーと、イスラム教徒のなかでもとりわけ保守色が強いベンガル人。しかもベンガル人は結婚相手が他宗教徒であれば改宗を求めるうえ多産。逆にミャンマーは発展途上国には珍しく、「発展する前に少子化へ向かうのでは」と危惧の声も出るほど子どもをあまり多くはもうけない国だ。

　実はミャンマー人には名字がなく、必然的に「イエ」という概念が薄い。イエ概念の強い儒教の国では「なにはともあれ跡継ぎの男児を」という傾向があるが、ミャンマーは周辺諸国に比べて結婚が遅く、子どもも1人や2人という家庭が目につく。「少ない子どもにお金をかけて、より高い教育を」という考え方が浸透しているためだ。それだけに、どんどん数を増すベンガル人を脅威に感じている。このままではイスラム教徒に乗っ取られてしまうのでは、と心配しているのだ。

　とはいえ、本音では「出て行ってほしい」と思っていても、「何世代にもわたって住んでいる人は仕方がない。私たちとうまくやってくれるならいてもらってもかまわない」くらいまで譲歩の気持ちを持つ人も少なくない。アウンサン・スーチー氏も「3世代以上にわたって住んでいるベンガル人には、国籍を与えるべき」と述べている。

　そんななか、2016年からラカイン州で、アラカン・ロヒンギャ救世軍（ARSA）によるテロ攻撃が相次いで起こった。

9・11後のアルカイダ掃討作戦と何が違うのか

　そもそもの発端は、ARSAがミャンマー軍や警察の施設を突如攻撃し、多くの死者を出したことにある。それに対し、ミャンマー軍がARSAが潜伏する村などへの掃討作戦を実施した。

　ARSAはラカイン州のベンガル人の村々で兵士のリクルートを実施し、拒否した村を焼き払うなどしたと地元メディアは報じているが、こうした報道は海外ではほとんど目にしない。それでいて、他国の火事の画像を添えた「ミャンマー軍によるロヒンギャの村の焼き討ち」といったフェイクニュースは堂々と掲載する。2017年9月末にはARSAによって惨殺されたヒンドゥー教徒の村人45名の遺体が発見されたが、これも海外ではほとんど報道されない。こうした不公平さへの不満が、ミャンマー人側にはかなり燻っている。

　海外メディアの偏向報道にミャンマー人は苛立ちを隠せない。ベンガル人側により多くの被害者が出ているのは確かだが、ミャンマー人からすれば、9・11のアメリカ同時多発テロ事件後、アルカイダ掃討作戦で米軍がアフガニスタンへ侵攻したのと何が違うのか、と言いたい人も多い。もちろんアフガニスタン侵攻に関しても賛否両論あった。しかし、少なくとも「賛」の意見もあったのである。なのにミャンマーに対しては、テロの部分には言及せず、歴史的背景にも斟酌せず、ただただ非難ばかりになってはいまいか。

　ミャンマー政府の海外メディアへの働きかけが下手というのもあるだろう。しかし、移民に対し保守的な考えを持ち、同じ仏教徒が多い日本くらいはせめて理解をとまでは言わないまでも、公平な目で見てほしい。そう思うのはミャンマー人のみならず、在ミャンマーの日本人の多くが感じていることである。


【いたさか・まき】日本でのフリーライターを経て上海、ハノイにて約7年間、現地フリーペーパーの編集や取材コーディネートに従事する。日本の雑誌やガイドブック、書籍、webマガジンへも寄稿。現在ヤンゴン在住5年目。

ラカインやバングラデシュからの視点

「ラカインの苦難を世界は知らない」

ロヒンギャ問題は、ロヒンギャ、ラカインの対立とミャンマーとバングラデシュの思惑が絡みあっている。それは植民地政策という負の遺産、戦争、民族対立、人道主義が生んだせめぎあいでもある。当事者であるラカイン人に、客観的な歴史観から見たロヒンギャ問題を語ってもらった。

文 **トエエモン**　写真 **下川裕治**

ミャンマー政府だけを批判しても意味がない

発端は、2017年8月、ロヒンギャ過激団体の武装勢力がミャンマー警察の施設を襲撃する事件が発生したと報道されたことである。さらに、当時周辺の地域では仏教徒の村が襲撃されて、男性は殺害され、女性にはイスラム教への改宗を強制されるという事件が相次いで発生していた。

これに対してミャンマー政府は国軍を使い、ロヒンギャの武装勢力に対して反撃を開始した。結果的に、武装勢力以外のロヒンギャ人に対する人権侵害問題が深刻化し、世界中で「民族浄化」や「虐殺行為」と報じられる事態となっている。

ミャンマー国軍の反撃により、多数のロヒンギャ人がエンジンつきボートや小船に乗ってミャンマーを脱出した。しかし、同様の事態は、これまでも幾度となくこれらのエリアでは起きている。その現場になってきた地域が、ミャンマーのラカイン州（旧ラカイン王国の領土）だ。そして脱出したロヒンギャ人の多くは、イスラム圏である隣国のバングラデシュが難民として受け入れている。ミャンマーと隣接するチッタゴン地方、コックスバザール周辺にはロヒンギャ難民キャンプがある。

武装勢力とは無縁の女性や子供たちさえもが、生まれ育った場所を離れざるを得ない。逃げる途中である者は命を落とし、たとえ安全な場所にたどり着いても過酷な環境が待っている。明日も生きられるかどうか、という状況は、決して正当化されるべきではない。然るべき人道的な措置が必要で、国際的な援助も欠かせない。

しかし、一方で、なぜこのような事態が繰り返されるのか、歴史的背景を知らずして、ミャンマー政府を一方的に断罪

ミャンマーにほど近いバングラデシュのコックスバザール

しても問題の解決にはならない。

　ロヒンギャ問題の発生理由を歴史的な側面から探ろうと思う。

ベンガル人の季節労働者

ミャンマーのラカイン州西北部を流れるマユ川と、バングラデシュとの国境を流れるナフ川の間の地域は、マユ国境地帯（マユ・フロンティア）として知られている。行政区では、ラカイン州のブティーダウンとマウンドー市に当たる。このマユ国境地帯は、かつて存在した「ラカイン王国」領土の一部であり、現在ではラカイン州に含まれる地域である。

　しかし、18世紀後半までは、現在のミャンマーのラカイン州からバングラデシュ、インドを含むエリアが、アラカン（王国）と呼ばれていた。そこに住む主要な民族であるラカイン人の「ラカイン王国」がこの一帯を支配していた。

　1785年に「ラカイン王国」はミャンマー人のボードパヤー王ビルマにより滅亡され、その旧領は占領されたものの、以降もマユ国境地帯は、ミャンマー人の多数派であるビルマ人ではなく、ラカイン人が多数居住してきた地域である。このエリアは、現在ロヒンギャ人と名乗るベンガル人が、農業労働者として初めてやってきた地域でもある。このように、ラカイン、ビルマ、ロヒンギャが混じりあって暮らすようになったことに、昨今の民族・宗教的衝突の遠因がある。

　歴史的には、第1次イギリス・ビルマ戦争（1824～1826年）でボードパヤー王ビルマが敗北した結果、1826年のヤンダボ条約によって、ラカイン王国及び隣接するテナタリ領土がすでにイギリスの支配下にあったインドに吸収された。その直後、旧ラカイン王国は大きく2つの行政区に分割されて統治されることになった。

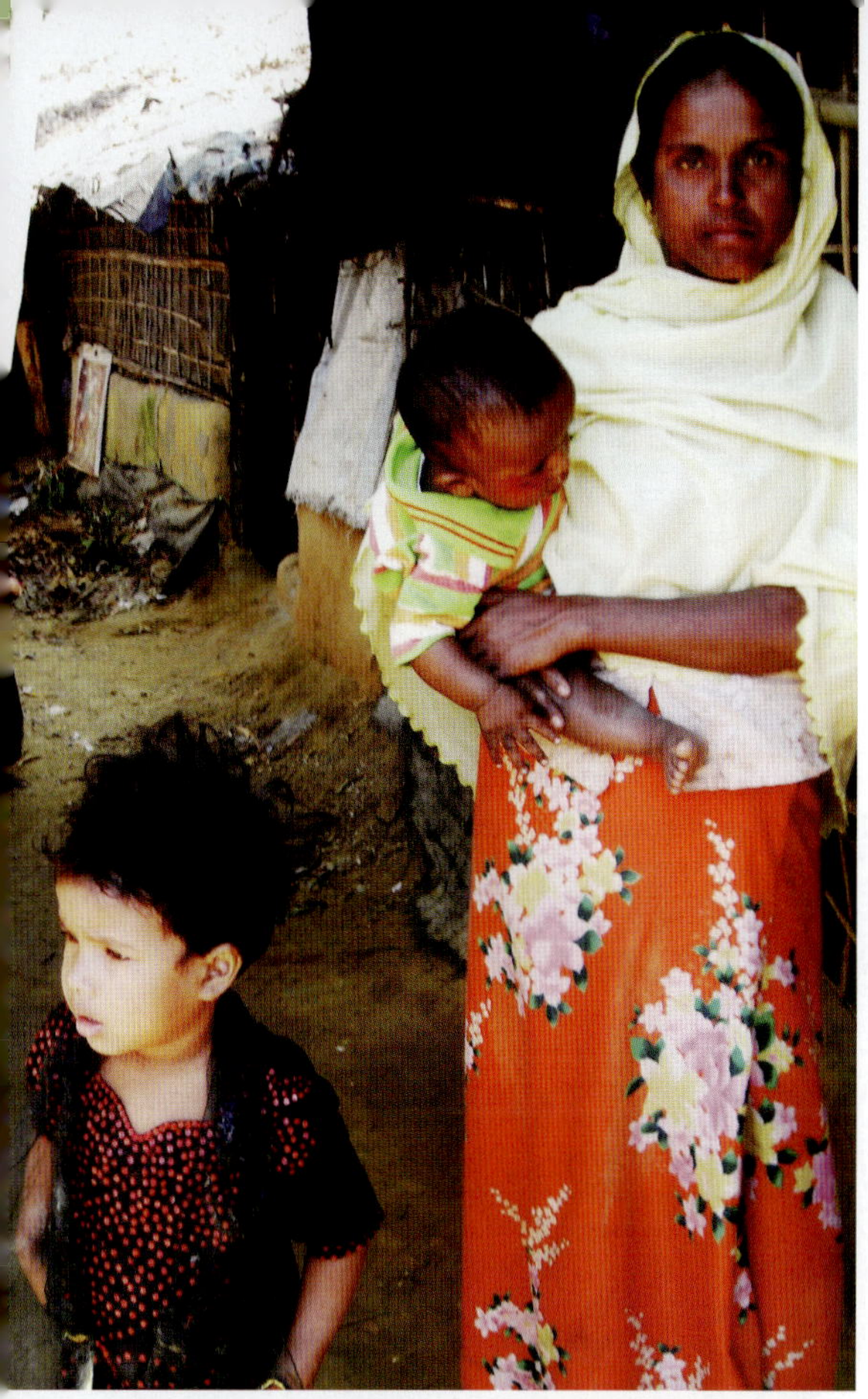
コックスバザール周辺は古来からさまざまな民族が暮らしてきた

　インド・イギリス政府、すなわち当時の東インド会社は、旧ラカイン王国（以後ラカイン）の肥沃な土地を活用しようとして、貿易政策・拡張政策を立てた。

　ラカインの労働力不足は深刻で人件費も高かったことから、東インド会社は隣接するベンガル地方チッタゴン地域のベンガル人を、季節労働者として口頭契約で雇用した。

　季節労働者のベンガル人は年2回あったラカインの農繁期に働きに出て、農閑期には地元へ戻った。1回目の農繁期は雨季で、ラカインで耕作して田植え作業を行なった。その後いったん地元へ戻ったのち、2回目の農繁期である秋と冬の収穫期に再びやってきて、穀物の収穫や運搬といった作業を行った。

　季節労働者のベンガル人は陸路と海路でラカインにやってきたが、東インド会社は労働者を安く運送するため、民間会社2社に政府の補助金付きで運送を担わせた。

　季節労働者がラカインとチッタゴン地域を往来するうちに、農繁期が終わっても地元に戻らず、ラカインの田畑の隣に小屋を作って残る労働者が出てきた。この傾向は、数十年続いたため、ピーク時には5万人にのぼったと記録に残っている。そして、これら季節労働者のうち、地元に戻らなくなった労働者の数も増えていった。

　その後、インド・イギリス政府は土地制度改革を行なう。ベンガル地方にあるザミンダリー制という制度をラカインに導入した。この措置によって、季節労働者のベンガル人は、長期間の借地契約（リース）を利用して、直接土地を経営する権利を持つようになった。借地人として、ベンガル人の労働者をベンガル人が直接雇うことも可能になった。

　その結果、この地域には、年を追うごとにベンガル人の人口が増えるようになった。その増加は飛躍的で、20世紀初頭には、ベンガル人の人口はすでにラカイン人の人口を上回っていた。

　さらに、インド・イギリス政府は、従来あった地域単位の管理体制を廃止し、移民に有利となる体制を作り出した。地域の従来のパワーバランス及び人口構成も徐々に影響を受け、従来居住していたラカイン住民は、圧力を受けて地元を離れていった。

被害を受けるのはラカイン人のみ

旧ラカイン王国はビルマに占領されたのち、ビルマ政府による高い税賦課などが続いたため、耐えかねてインド・イギリスのダッカ、コルカタ、そのほかの地域に逃れていった者も多かった。インド・イギリスに吸収されてから約120年という長年にわたって、ラカインではベンガル人に有利となる制度が導入されていた。国外避難から戻ったラカイン住民のもともとの所有地も、強制的にベンガル人移民に与えられた。

第2次世界大戦が始まると、イギリス軍はベンガル人に新しい役割を期待した。ビルマを支配した日本軍に対峙しているマユ国境地帯に住むベンガル人に、武器を渡してゲリラ活動を支援した。彼らのなかにはイギリス軍が敵とするビルマ独立運動家や日本軍と戦わず、もっぱら戦争とは無縁の一般国民の居住地を燃やし、ラカイン人の命や資産を奪ったものもいた。

命の危険を感じたラカインの住民は、徐々に村から町へ、町から都市へと移住していく。20世紀初頭にはラカインのマユ国境地帯では、移民のベンガル人の人口が従来居住していた国民の人口の2倍に達するまでになった。また、ラカインは国境地帯の地域であるため、ラカインで紛争が発生しても、政府の救助が十分に届かない状態にあった。

ロヒンギャ問題で得をする国と人々

最近、人道支援団体の動きが活発になっている。ロヒンギャ人を支援する国々も多い。本当に困窮状態にある難民キャンプのロヒンギャ難民に支援が届けばよいが、その可否に関わらず、ロヒンギャと銘打つだけで世界中からたくさんの支援が集まるようになっている。難民とは無縁の人であっても、ロヒンギャ名義では難民申請が容易になる。

そもそも、ロヒンギャ人はベンガル人であることをイスラム圏のバングラデシュはよく知っている。治安の側面を考慮しなければ、ロヒンギャ人はバングラデシュにとって使い勝手がいい、という見方もある。ロヒンギャ人はバングラデシュに入国後、母国へ戻った感覚で2、3年後にはベンガル人となるだけだ。また、ロヒンギャ名義で外部の支援を受け易いため、国の負担もさほどない。さらに、海外へ出稼ぎに行くバングラデシュ人は、ロヒンギャ名義でビザ問題が解消でき、外貨稼ぎともつながっている。

そのなかで、もともと立場が弱くなっていたラカイン人は、さらなる弱者になりつつある。ビルマ占領後のビルマ政府の政策にしても、イギリスの植民地時代にしても、ラカイン人に有利となったことは見当たらず、ラカイン州とラカイン人にとっては圧政となったことがほとんどである。

ロヒンギャの架空の歴史

マユ国境地帯に季節労働者として入り込んだベンガル人の子孫は「ロヒンギャ人」と名乗った。彼らがこの地に住む理由としてよく揚げられるなかに、ラカインの地をムスリム系の王が占領したというものがある。しかし、証拠のない架空の歴史として学問的には却下されている。実際、ラカイン王国を含むビルマでは、イギリス、日本との戦争があったが、ムスリム系の国と戦い、負けて支配された歴史はない。しかしロヒンギャ人の架空の歴史は、一部の国際機関やメディアには、本当の話として受け入れている。

イスラム系との関わりでいえば、ラカイン王国はインドのムスリム政権「ムガール帝国」と友好関係があったため、第3次ダニャワディ時代（1430〜

マユ国境地帯を巡る70年の歴史

【第2次世界大戦時】

イギリス軍がベンガル人による有志ゲリラ団体・武力団体を作り出して武器を与え、敵とするラカインをはじめ、ビルマ軍、日本軍の位置情報収集などを行なわせながら戦わせた。

同時に、戦争と無関係の、地方に居住するラカイン住民にも被害を与え、より多くのラカイン地域の土地や村を手に入れた。

【イギリス撤退時】

1946年には東インド会社が撤退し、インドとパキスタンの分離が目前に迫った。この地域のベンガル人が西パキスタンのムスリム連盟代表との話し合いに乗り出し、マユ国境地帯をムスリム国家パキスタンに併合することになったが、実現しなかった。

現在のバングラデシュ地域はパキスタンに併合され、東パキスタン国となったのち、独立運動により西パキスタン（現在のパキスタン）と分かれてバングラデシュになった。

【第2次世界大戦以降】

マユ国境地帯にムスリム・ベンガル人が増えるに従い、ラカイン州にジハード活動「ムジャヒッド運動」を引き起こして独立運動を行なうようになった。1948年にベンガル人からアラカン・ムスリムと名乗る時代である。

ムジャヒッド運動終焉後にMuslim Liberation Organizationという政党が設立されるとともに、ミャンマーのカラダン川〜ナフ川の地域をムスリム地域とする要求をした。自分たちをミャンマー国民として認めた上に、パキスタンの公用語であるウルドゥー語をマユ国境地帯言語にすることも加えて要求した。しかし、当時のビルマ政府に拒否されて、再びラカイン住居地を攻撃した。

【ロヒンギャ人と名乗る時期】

アウン・サン氏暗殺後、ミャンマーはウヌ政権になる。1980年の選挙キャンペーンでは、ラカイン地域とモン地域は独立を宣言する。そういった動きがあるなか、ロヒンギャ人は突如独立の要求を挙げ、混乱・紛争を起こした。

【若い女性のレイプ、殺害事件（2015年）】

ムスリム系の数人の若者により、ラカイン女性のレイプ、殺害事件が起こり、民族間の紛争に発展した。ラカイン州をはじめヤンゴン、メッティーラにまで拡大し、たくさんの死者が出た。幅広い地域が被害を受けた。

【事実上の民主政権開始期（2016年）】

軍事政権が選挙結果を受け止め、アウンサン・スーチー率いるNLD（国民民主連盟）に政権を引き渡す。

こうした政権移管時に、マユ国境地帯のロヒンギャは、独立運動の一環として警察施設（ラカイン州）へ攻撃を行ない、9人の警官を殺害し、施設保有の武器を奪った。この暴動、紛争は広がり、混乱を引き起こした。

【スーチー政権の平和条約協議開始期（2017年）】

スーチー政権が各民族武装団体と平和条約を結ぼうとし、国外亡命中の各団体代表との協議を開始する。この機に、2017年8月、パキスタンとサウジアラビアの外部派遣の31政府施設をロヒンギャ団体「Arakan Rohingya Salvation Army」が攻撃する。また、ラカインの村、周辺のヒンドゥー、そのほかの部族を殺害した。

ミャンマー政府は国軍を使って反撃。その状態がいまも続いている。結果的に、大勢のロヒンギャが隣国へ脱出した。

このように、ロヒンギャはミャンマーの政治移行期を狙い、民族間の紛争を繰り返し引き起こしている。それによって、ミャンマー国民として認められるよう求め、武装して政党を作っているが、ミャンマー国内では認められていない。むしろロヒンギャの挑発的な行為で、ミャンマー人との軋轢を深まっているようだ。

なく、人口の半分はほかの民族で構成されている。ミャンマーには昔から確立された住民登録制度があった。ミャンマー国民としては135の民族・部族の記載があり、これらの民族・部族がミャンマー独立運動に賛成し、ビルマ独立向けの1947年「パンロン合意」という協定に協力している。

これ以外には、第1次イギリス・ビルマ戦争の前からミャンマー領土内に居住していた住民を国民として認めている。

現在「ロヒンギャ」と呼ばれているベンガル人は、第1次イギリス・ビルマ戦争後に季節労働者としてやってきた外国人である。実際、彼らの名称は、ベンガル人→アラカン・ムスリム(ムギャヒッド運動)→ロヒンギャと変わっている。そのため混乱を招くことがあるが、一貫してミャンマー人として認められていない。

難民キャンプの生活環境は劣悪だ

バングラデシュの利害

ミャンマーで起きているロヒンギャ問題は、かつては一般の興味を引かない話題だった。しかし、最近になって警察施設などが攻撃され、ミャンマー人が脅威を感じるようになった。同時に、ラカインに暮らすミャンマー人がこれまで辛酸を舐めてきたことも、同国内で注目を集め、共感を呼ぶようになった。

植民地政策によってベンガル人が季節労働者としてラカインに来て以来、ラカイン人は多重の被害を受けていると感じている。ラカインの土地と住居地を奪われ、殺害をはじめとして予期しない事件で被害を受け、架空の歴史によって実際に存在した歴史が否定される、といったものである。

バングラデシュは表立った行動をとっていない。ベンガル人であるロヒンギャ人がミャンマーを脱出することは、ベンガルの母国に戻ることでもある。彼らは数年で先祖代々のベンガル人に戻る。穿った見方をすれば、バングラデシュにとっては、彼らがロヒンギャを名乗ってくれたほうが都合がいい。世界的にロヒンギャとしてのアピールが通用することで外部からの支援を受けやすくなるからだ。

【トエエ・モン】1978年バングラデシュ生まれ。ダッカ大学在学中(2003年)、日本政府外務省招聘プログラムに参画。2005年に日本留学。バングラデシュ社会開発、日本の農家所得、地域格差研究に取り組み、2013年東京農工大学大学院農学博士取得。現在、IT業界でSEとして技術サポート、情報処理業務に携わっている。

香港の慰安婦像

背後にちらつく香港マフィアと愛国教育基地

慰安婦像のまわりには、尖閣諸島問題について主張する旗も踊る

設置される慰安婦像が増えている。韓国の思惑とは違う文脈のなか、この像は別の問題を内包しはじめてしまっている。ひとり歩きをはじめてしまった香港に慰安婦像を見に行った。

文・写真 **下川裕治**

増殖していく慰安婦像

2017年の7月、香港の日本領事館が入るビルの前に、慰安婦像が2体置かれた。その後も香港の慰安婦像は増え続けている。

9月には、香港島のコーズウェイベイにあるそごうデパートの前に2体置かれた。もっともこの像は、歩行者天国になる週末だけに置かれる。そして12月には、日本領事館前に新たに1体が加わった。これで香港の慰安婦像は、常設ではない2体を合わせると5体になった。

日本領事館が入るビルの前に慰安婦像が置かれてから2か月ほど後、その場所を訪ねてみた。慰安婦像から5メートルほど離れたところで写真を撮っていると、通りすがりの若者から英語でこういわれた。

「あまり近づかないほうがいいですよ。彼らは香港のマフィアだから」

「マフィア?」

「そう。中国政府から金をもらっている。彼らは金さえもらえばなんでもする。だから気をつけたほうがいい」

マフィア——。

2014年の路上占拠を思い出した。後に雨傘運動と呼ばれるようになる抗議行動だった。香港の普通選挙をめぐり、民主派や学生たちが抗議の声を上げた。抗議の矛先は香港政庁に向けられていたが、その背後には中国政府がいることを誰もが知っていた。香港の選挙制度を決めているのは中国だったからだ。

香港が中国に返還された時点で、それから50年は、香港と中国というふたつの社会制度が維持されることになっていた。しかし、中国が「西方民主」と呼ぶ、欧米型選挙制度を、中国は受け入れることができなかった。返還以来、ことあるごとに、この選挙制度をめぐって混乱が起きていた。

学生を襲った男たち

民主派や学生は路上占拠に踏み切った。香港島の繁華街で始まった路上占拠は、九龍サイドにも広がった。モンコックの路上にも、民主派や学生は座り込んだ。

取材のために何回か香港に向かった。香港島サイドに座り込む学生たちのなかには、モンコックまで占拠を広げることを不安視する意見もあった。香港は狭いエリアだが、住民の生活や意識は住む場所によってずいぶん違う。富裕層が多い香港島サイドに対し、九龍サイドのチムサーチョイやモンコックは下町である。そして香港のマフィアの拠点がモンコックといわれていた。

　そこで座り込む……。学生たちは不安だったのだ。座り込むメンバーのなからは、「モンコックの支援に行こう」という声まで挙がった。

　取材を進めるうちに、学生のなかに知り合いもできていく。そのひとりは、夜、モンコックに仲間と一緒に向かったという。ちょうどその夜、マフィアが学生たちの占拠エリアを襲った。

「スキンヘッドの体格のいい男たちでした。僕らのテントを次々に壊していった。抗議してもまったくの無言。怖かった」

　マフィアは中国から金をもらっているという噂だった。

　香港の慰安婦像……。そこにもマフィアが絡んでいるのだろうか。

南京と香港を結ぶもの

　話は中国の南京に飛ぶ。

　２０１６年、中国の南京に利済巷慰安婦旧址陳列館がつくられた。南京大虐殺記念館の分館という扱いになっている。

　南京大虐殺記念館は、南京事件の記念館だが、いまだ日中間で論争が続いている。この記念館の入り口には、「３０００００」という数字が大きく表示されている。中国側が主張する犠牲者の数だ。30万人――。この数も論争のひとつだった。

　なぜこの記念館が日中間の論争の的になるかといえば、中国の愛国主義教育の拠点になっているからだ。

　この記念館が完成したのは１９８５年。当時の国家主席・鄧小平と、共産党中央委員会が音頭をとった。つまりその経緯からして、政治的な色合いが強い記念館なのだ。

　記念館を訪ねたことがある。館内に入ると、壁いっぱいに犠牲者の顔写真が展示されている。その間を通ると、万人坑が現れる。犠牲者を埋めた大きな窪地を再現しているのだ。土のなかから人骨が顔をのぞかせる。

　その先には資料も展示されている。日本の新聞の記事も展示されていた。「百人斬り」の内容だった。日本軍は南京に兵力を集めていった。そこに向かう将校が、途中で何人の中国人を殺害したかを競う内容だった。

　僕はカメラマンと一緒に記念館に入った。入館して間もなく、互いに会話を交わさなくなった。発覚したところで、いまの中国だから大きな問題にはならないだろうが、「ここに日本人がいる」ことを露わにできなかった。この記念館は愛国教育の基地である。先生に連れられた子供たちが次々にやってくる。

「日本人はこんなにひどいことをした」

　という演出がしつこいほど続くのだ。それを見学する小学生が、目の前に日本人がいるとわかったとき……。

　中国政府は南京大虐殺記念館に、さらに慰安婦の資料を陳列する建物を加えていった。

　この動きと香港の慰安婦像はつながっていた。日本領事館が入るビルの前に慰安婦像は設置された。その場所はビルに沿って続く長い歩道橋の一画である。慰安婦像の後ろには手すりがあり、そこには中国人の慰安婦だった女性の写真が掲げられていた。おそらくこの写真は、南京の利済巷慰安婦旧址陳列館にある写真のコピーに違いない。

問題は複雑さを増していく

　たしかに香港のなかには、日本軍に対して憎しみを持っている人はいる。肉親を日本軍に殺された人たちだ。10年ほど前だろうか。香港島のスタンレーから小さな船で無人島に向かったことがあった。船に乗る前に、一緒にいた香港人からこういわれた。

「船のなかでは、日本語は話さないでください。絶対にね。船頭のおじさんは、両親を日本の兵隊に殺されているそうです。あなたは韓国人になっているので」

　日本領事館の入ったビルの前に設置された慰安婦像の周りには、数人の男とひとりのおばさんがいた。男たちの年齢は30代から50代だろうか。日本統治時代という話になれば、慰安婦の孫の年齢である。彼らは、太平洋戦争のことをあまり知らないような気がした。

若者たちが民主的な選挙を求めて占拠したモンコックの路上。その撤退前夜

やはり中国なのだろう。背後にどういう組織があるのかはなかなかわからない世界なのだが。

　慰安婦像は世界各国で設置されている。そこにはさまざまな思惑があるだろう。もちろん、慰安婦像をめぐる日本との問題が解決に向かっているわけではない。

　しかし香港の慰安婦像の背後には、また別の文脈が流れている。中国の政治的な思惑もあるが、香港の問題も絡んできてしまっている。慰安婦像は、香港でまた別の難問を抱えようとしている。

朝鮮半島の運命を決める2018年
歴史的な「和平」なるか

韓国が狙う「核凍結」と「首脳会談」

「いつ戦争になってもおかしくない」そう言われ続けた2017年が無事に過ぎ去った。北朝鮮の金正恩・朝鮮労働党委員長と、アメリカのトランプ大統領というエキセントリックな2人は、年間を通じ朝鮮半島の緊張を高めてきた。彼らは2018年、どう動き、世界はどう変わるのだろうか。

文・写真 徐台教

戦争一歩手前まで迫った米朝関係

2017年、金正恩氏は3度のICBM（大陸間弾道ミサイル）発射実験を含む17度の弾道ミサイル発射実験を敢行し、9月には6度目となる核実験を行なった。そして11月末にはついに「国家核武力完成の歴史的大業、ロケット強国の偉業が実現した」と宣言するに至った。

この動きに正面から対抗してきたのが、アメリカのトランプ大統領だ。17年1月の就任直後から、北朝鮮の核・ミサイル問題を積極的に取り上げ「あらゆる手段をテーブルに乗せる＝戦争も辞さない」姿勢で臨んできた。

このなかで何度も取りざたされたのが「朝鮮半島有事」、とりわけ「アメリカが北朝鮮を先制攻撃する可能性」だった。8月に北朝鮮は「グアム包囲射撃」をぶち上げ、9月には過去最高威力の核実験を行なった。

一方、トランプ大統領は9月に国連総会での演説で「北朝鮮を完全に破壊する」と発言するなど、一歩も引かなかった。

これを受けた金正恩委員長は「史上最高の超強硬対応措置」を明言するなど、この時期、米朝の指導者間で激しい「舌戦」が繰り広げられ、開戦の危険性はピークに達した。

日本でも当時、連日のように関連報道があふれたことは記憶に新しい。日本上空の宇宙空間を通過した8、9月のミサイル実験では、日本政府は「Jアラート」を鳴らし、避難訓練も行なう現実的な措置も取った。

こうしたなか、2017年になってアメリカ主導で採択された国連安保理の制裁決議は4度に及ぶ。鉱物輸出の制限、海産物や衣類、労働者の海外転出が禁止された。

2017年11月、韓国ソウルで行なわれた米韓首脳会談。写真は青瓦台（韓国大統領府）提供

さらに12月22日に決議された制裁決議2397号では、北朝鮮に対する原油の供給量に上限が設けられるなど、同国の外貨収入に圧迫を加えている。

圧力を強める国際社会と、核の完成にまい進し、あくまでも核保有国として認めさせたい北朝鮮。年末までこの対決軸が緩和されることはなかった。

韓国新政権の「太陽政策」

朝鮮半島の一方の主である韓国では、16年末から2017年5月まで、約半年間におよぶ「政治の空白」があった。親友・崔順実《チェ・スンシル》とともに国政をろう断した疑いのあった朴槿恵《パク・クネ》大統領の下野を要求する「ろうそくデモ」が始まったのは16年10月。全国に広がったうねりは国会を動かし、16年12月の弾劾決議案の議決を導いた。そして、17年3月に憲法裁判所により朴大統領は罷免された。

文在寅政権の融和政策は、北朝鮮を動かすことができるだろうか

繰り上げで5月に行なわれた早期大統領選挙の結果、進歩派の文在寅《ムン・ジェイン》政権が発足した。

2015年10月以降、対話が途絶えたままの最悪の南北関係のなかでスタートした文政権は、過去の「太陽政策」の継承を掲げ、北朝鮮との積極的なコミュニケーションを図った。

7月にはドイツ・ベルリンのG20会議で演説を行ない、北朝鮮に対し「体制の崩壊を望まない」というメッセージを明確にするとともに、離散家族再会行事の開催、南北の軍事的緊張の緩和などを呼びかけた。

韓国は「まずは会おう」という姿勢を明確にし、その後もことあるごとに金正恩政権へのラブコールを繰り返した。しかし、北朝鮮はこれにはいっさい反応を示さず、前述のように、ミサイル発射実験を繰り返すばかりだった。

きっかけは平昌オリンピック

動きがあったのは、2018年になってからだった。

1月1日、毎年の恒例行事となっている新年辞のなかで、金正恩委員長が、

「我々は民族的な大事（平昌オリンピックを指す）を盛大に行ない、民族の尊厳と勢いを内外に知らしめるためにも、凍結状態にある南北関係を改善し、今年を民族史に特記すべき事変的な年として輝かせなければならない」

と、韓国への融和姿勢を示すとともに、平昌オリンピックへの参加を表明したのだった。

これに対し韓国もすぐに呼応する。翌2日には南北関係を主管する統一部（統一省）の趙明均《チョ・ミョンギュン》長官が、北朝鮮に対し南北会談を呼びかけた。

すると北朝鮮も3日に、やはり南北関係を担当する祖国平和統一委員会の李善権《リ・ソングォン》委員長が、軍事境界線のある板門店《パンムンジョム》の南北連絡チャンネルの再開を表明し、南側の提案を受け入れた。そして1月9日には板門店で758日ぶりとなる南北高位級（閣僚級）会談が開かれたのだった。

この会談では「平昌オリンピックへの参加」、「軍事的な緊張の緩和」、「民族同士の対話と交渉で問題を解決」が合意された。

その後、一度の実務会議が開かれ、1月17日には1月で通算3度目となる次官級の南北対談が開かれた。ここでは、開会式での南北合同入場、女子アイスホッケー南北単一チームの結成、北朝鮮の芸術団の派遣などが合意された。まずは、喫緊の課題であるオリンピックへの詳細を詰めた形だ。

そして1月25日に、北朝鮮の女子アイスホッケー選手12名が、2月1日には、韓国のチャーター機で残りの選手10人が韓国入りした。北朝鮮の選手団は選手22名、支援チームなど24名の、合計46人で構成される。

南北双方の思惑はどこに

突然の北朝鮮の態度変化の裏には何があるのか。

筆者がソウルで北朝鮮専門家たちに取材したところによると、理由は大きく二分できるようだった。

まずは、北朝鮮が昨年末から繰り返しているように、「核武力の完成」を成し遂げたと主張している点だ。これにより、対話に積極的に乗り出す準備が完成したという見方だ。

次に「国際社会による経済制裁の効果」が挙げられる。北朝鮮経済に詳しい慶南大学のイム・ウルチュル教授が筆者に語ったところによると、昨年1年間に、金正恩氏の統治資金は5〜6億ドル減少した可能性があるという。韓国との関係を改善し、それをテコに国際制裁を緩和させたい狙いが北朝鮮にはある。

一方、韓国が一貫して対話を主張してきた理由は「危機管理」にある。短期的には平昌オリンピックの平和開催という目的がある。期間中に北朝鮮が軍事挑発を行ない、アメリカ選手団が帰国するとい

南北が直接対峙する板門店（パンムンジョム）。2017年11月には北朝鮮兵士がこの地から南側へと「亡命」した。（2017年12月）

った不慮の事態はどうしても避けたい。多額の投資が行なわれているオリンピックを、興行的にも失敗させるわけにはいかないのだ。

　長期的には、朝鮮戦争の再発をどうしても避けたい事情がある。1950年6月から53年7月にかけて戦われた朝鮮戦争で、朝鮮半島は文字通り「焦土」となった。100万人以上の死者、300万人におよぶ負傷者、そして1000万とも言われる離散家族が生まれた。その後、経済発展を遂げ、世界10位圏にまで上り詰めた韓国は、再び朝鮮半島が戦火に巻き込まれることを望んでいない。これこそが、韓国が執拗なまでに米朝に対し、「朝鮮半島で戦争はいけない」と主張し続ける理由だ。

　状況を打開する段階に入った北朝鮮と、オリンピックをきっかけに対話を始めたい韓国。なるほど、つじつまが合うが、これだけで急速な南北の「接近」を説明するには無理がある。

　北朝鮮が最後にミサイル発射実験を行ったのは11月29日で、約2年ぶりの南北閣僚級会談が行なわれたのは翌18年の1月9日と、40日程度しか離れていない。このわずかな間に南北が急転直下、合意に達したと見るのは不自然だ。昨年末の段階で、いまの動きを予見できた記者や学者は、筆者の知る限り誰もいない。韓国政府、とくに統一部は、昨年5月以降「南北の接触チャンネルはすべて絶たれている」という説明を繰り返してきた。

　だが実際には、南北間の接触は広く行なわれていた。スポーツ交流、人道支援などを行なう非政府組織（NGO）を通じ、韓国側は文在寅政権が「金正恩政権の打倒」を考えているのではないことを繰り返し伝えてきた。

　昨年5月以降、見えないところで積み重ねてきたこうした努力が、平昌オリンピックをきっかけに身を結んだとみるのが正しいだろう。

　李明博《イ・ミョンバク》、朴槿恵と続いた「北朝鮮の崩壊」を前提とする保守政権から、「平和共存・共同繁栄」を掲げる進歩派の文在寅政権を、北朝鮮が「認めた」ことになる。

あくまで問題は「核」

　ではそのまま、南北は「蜜月」となるのだろうか。

　そう見るのはあまりに楽観的だ。韓国の目的は「北朝鮮の核廃棄」だ。日本では「融和」「弱腰」と評価されがちな文在寅大統領だが、北朝鮮の核を認めると発言したことは一度もない。

　1月9日の南北高位級会談後の翌日10日に行なわれた年頭演説でも、

「朝鮮半島の非核化は平和に向かう過程であり目標である。南北が共同で宣言した朝鮮半島の非核化が、決して譲ることのない私たちの基本的な立場だ」

と、非核化で譲らない事を鮮明にしている。

　実際、9日の南北閣僚級会談で、北朝鮮の非核化を韓国側が議題として持ち出している。これに対し、北朝鮮側は強い不快感を表明したが「異変」も察知されている。

　趙統一部長官が、1月26日にとある会合の冒頭演説で、

「非核化に南側が言及したのに、北側が最後までテーブルに座っていたのは初めて」

　と明かしたのだ。北側としても今回の一連の南北対話に、並々ならぬ覚悟で臨んでいるのではないかという憶測を呼ぶ理由だ。だが、金正恩氏をはじめとする北朝鮮の指導部が何を考えているのか、明らかにするのは限界がある。

　ただ、韓国も「核廃棄」を押し出しているのではない。交渉の落としどころはあくまで「核の凍結」、すなわち「今後いっさい核実験を進めない」という確約を取ることだ。

　事実、1月19日に行われた統一部「業務報告」のなかには、

「南北対話と国際協調を土台に、北朝鮮

2018年1月、三池淵（サムジヨン）管弦楽団団長として、韓国に視察に訪れた北朝鮮の「歌姫」、玄松月氏

を非核化交渉テーブルに牽引し、北朝鮮の核結を入り口にした、段階的、包括的な非核化の交渉を始める」

と、今年の目標が記されているのだ。つまり韓国は「核凍結」をもって、北朝鮮、アメリカ、国際社会との交渉を水面下で進めている。

3月末が「第1次リミット」

18年年頭に南北が対話を始めた当初、韓国では「約3か月を稼いだ」という評価が一般的だった。

これは、1月から、平昌オリンピック・パラリンピックの日程が終了する3月18日までの間に、南北対話が何かしらの「結実」を結ぶ必要があるというデッドラインだ。これは、昨年12月、文在寅大統領がトランプ大統領との間で合意した「米韓合同軍事訓練」の延期期限から来ている。

統一部の趙長官もやはり、前出の26日の演説で、

「3月25日の訓練開始まで、米朝の対話を始めさせることができるかがポイント」

という具体的なタイムラインを示している。

なぜ米朝なのか、という点は説明するまでもない。北朝鮮は一貫して、核問題は韓国と話し合うものではないという立場を明かしている。あくまで「アメリカから自国を守るための核」と位置づけているため、アメリカとの直接交渉だけが事態の突破口となる。

つまり、現在「延期中」の米韓合同軍事訓練が再開される3月25日（4月1日との説も）までに、米朝間で北朝鮮の核に関する対話が始まる必要があるということだ。

これが実現しないまま訓練が行なわれる場合、一気に南北関係は冷却化するおそれがある。このために現在、米韓の間で調整が続けられている。

26日（現地時間）には、韓国の宋永武《ソン・ヨンム》国防長官とアメリカのマティス国防長官がハワイで会談を行なっている。政府に近いある学者は1月末、筆者に対し、

「韓国政府はアメリカと緊密な連携を取っている。訓練開始前までに、訓練規模の縮小や短縮などで折り合う可能性もある」

と今後の見通しを楽観的に語った。

ひたすらに核開発へとまい進する金正恩氏は、「民族の悲願」についてどう考えているのだろうか（朝鮮中央通信より）

とはいえ、対話は必ず行き詰まる。そのために民間団体は積極的に動いている。

例えば、今年4月に平壌で行なわれるマラソン大会には、韓国側から有力政治家など１００人あまりが参加する見通しだ。6月にはやはり平壌で青少年サッカー大会の開催が決まっているし、8月には同じく平壌でゴルフ大会もある。また、10月には韓国で北朝鮮代表チームが参加するサッカー大会が開催。日本も参加するという。

こうした計画を明かしてくれたのは、南北体育交流協会のキム・ソンギョン理事長だ。

キム委員長は26日、筆者の電話インタビューに対し、

「南北対話は中断したことがあったが、南北のスポーツ交流は中断したことはなかった。五輪後にも南北対話ムードが続くように、スポーツ交流が引っ張っていく」

と意気込みを語った。また、人道支援団体も、おもに中国で積極的に北朝鮮側と接触している。

「昨年に比べ、明らかに北側の反応が良くなった」

と、２０００年代に多くの訪朝経験を持つ人道支援団体の幹部が30日、筆者に明かしている。

10月の南北首脳会談で「決着」か

そして、文在寅大統領の狙いはズバリ、「10月に平壌で南北首脳会談を行う」ことだ。

ここで、「核廃棄に向かう核凍結」を全世界に宣言するというのが、非公式ながら政府の腹案のようだ。

10月というのは、文大統領の同志であり先輩であった故・盧武鉉大統領が２００７年10月4日に、金正日総書記（故人、当時）と南北首脳会談を行なった時期と重なる。

北朝鮮はこれまでのたくさんの約束を反故にしてきた。このため、南北対話への楽観視は禁物だ。ただ、今年の南北対話はひと味違うという見方もある。韓国は「最後のチャンス」と見ているし、金正恩氏も「攻撃」が公然と言われ、世界最強の制裁が課されているなかで、南北対話に活路を見出したい機運もある。

１９４８年に南北政府が樹立し、分断が固定化されてから、今年で70年となる。互いに異質な国家となってしまった南北が再び近づき、統合そしてその先の統一という果てなき旅程に乗り出すのか、それとも破局に向かうのか。未来を決める1年になると筆者は見る。

【ソ・テギョ】ジャーナリスト。現在はソウル在住。南北関係、韓国政治が取材テーマ。

麻薬とセットで「キメセク」若い美女でも1回2600円

携帯電話で進化する北朝鮮の売春

文・写真 サラン平太郎

古今東西、どんな時代のどんな国にも売春はある。厳しく取り締まられている国だろうと、「世界最古の商売」は行なわれているものである。北朝鮮も例外ではない。いや、一般庶民の生活が苦しいぶんだけ、身体ひとつで稼ぐことのできる売春が広まっているといえる。北朝鮮の売春事情はいったい、どうなっているのだろうか。朝鮮半島をさすらう風俗ライターが解説する。

“駅前売春”

北朝鮮では、売春はもはやひとつの産業といっても過言ではない。「苦難の行軍」と呼ばれ、１００万人以上と言われる餓死者を出した90年代後半の食糧難の頃から、元手のかからない手っ取り早い現金収入の手段として、全国に普及してきた。

日本のようにラブホテルのない北朝鮮で、売春の現場は、大型駅前にある宿が定番だ。

北朝鮮の列車のほとんどは電化されているのだが、肝心の電力が足りずに、列車の時刻表はあってないようなものだ。ひどい場合は1日以上遅れることがある。時間をつぶす必要のある客は、自然と駅前をブラブラすることになるが、こうした男性を目当てにした売春女性や客引き(案内人)が、駅前の路地にたむろしているのだ。

なかでも狙い目は「公務」で訪れたとおぼしき身なりの良い男性だ。彼らは現金を持っているし、暴力などの犯罪に巻き込まれる可能性が比較的少ない。

次に軍人だ。とくに、中国との国境付近の都市では、密輸を見逃す代わりに少なくないワイロ収入をあげる兵士や士官が多いため、上客となっている。

「交渉」が成立すると、あらかじめ女性がキープしておいた部屋で「コト」に及ぶ。旅館の場合が多いが、目立たないよう個人が住宅を提供することもある。酒や食事をつけることもでき、旅行者にとってはなかなかに実用的だ。

「美女」は1回で大金を稼ぐ

売春の「相場」は、女性の年齢、スタイルや容姿によって大きく変わる。

例えば、20代前半で身長１６０センチ超かつ美人といった「最高ランク」は、１泊で１５０元(約２６００円)を稼ぐ(※)。「回数」は無制限だ。場所代や客引きへの手数を払っても半分が残る。

４人家族の平均的なひと月の生活費が４００〜７００元(約７０００〜１万２０００円)であることを考えると、かなりの収入だ。

最高ランクから年齢に応じて相場は順に下がっていき、30代では50元(約８７０円)、40代ともなると、１時間20元(約３５０円)と、悲しいくらいに現実的だ。それでも供給は多い。北朝鮮の売春は生計のために行なわれることが多いからだ。

最近では、スーパー銭湯のような大衆浴場の個室もホットだ。本来は子連れやカップル向けの個室風呂に、男性ひとりで先に入り、売春女性を呼び出す。受付にはあらかじめワイロを支払い、女性を見逃してもらう。また、外で女性と落ち合い、恋人や夫婦のように装って「入浴」することも多い。これならばバレることはない。いずれにせよ浴室が現場となる。

幹部が直々に売春を組織する

北朝鮮で売春は重罪だ。

刑法２４９条で「売淫罪」とされ、「売淫行為を行なった者は1年以下の労働鍛錬刑に処す。前項の行為の程度が重大な者は5年以下の労働教化刑に処す」と規定されている。

当局は秘密警察である国家保衛省(前・国家安全保衛部)傘下に「３１２常務」(２０１６年に解散との噂も)や、各行政機関傘下に「行政指導局常務」というとい

(※)北朝鮮では中朝国境を中心に中国元も流通している(編集部注)

う専門の部隊を組織し、取り締まりを行っている。

「常務」とはチームのことだ。客をよそおう「おとり捜査」をはじめ、前出の旅館や銭湯などに押し入り、身分証の提示を求めたりもする。

だが、取り締まりの効果は高くない。

なぜなら、売春は個人よりも組織的に行なわれることが多いからだ。とくに、外貨を稼ぐための機関が積極的に行なう。

前出のサウナのほかに、レストランや酒場などにも個室を用意し、女性をあてがうのだ。こうした機関は政治的な特権を持つ幹部が噛んでいる場合が多いため、見逃しの対象となるほかにない。ワイロも効く。

だが、例外もある。麻薬だ。

国内を蝕む麻薬

北朝鮮では「オルム」と呼ばれるヒロポン(メタンフェタミン)の製法が広く共有され、個人や会社で独自生産されたものが流通している。

品質によって1グラム100元から150元(約1750~2600円)で手に入る。これをだいたい10回に分け、使用する。

セックスと薬物の相性については、いまさら説明するまでもないだろう。女性たちのなかには、恥ずかしさや恐怖を紛らわせようと、「キメた」状態で身体を売ることもある。売春と麻薬はセットだ。

北朝鮮当局は、売春と麻薬のなかでも、麻薬のまん延がより深刻と見ているようだ。麻薬は中毒性があり、使用者の人生や家庭を破壊する。

このため、指導者・金正恩労働党委員長直々の指示のもと、2017年になって取り締まりが強化された。これによって、化学工業地帯として麻薬生産の「本場」であった咸興(ハムン)市発の麻薬は激減した。

現在、当局は取り締まりの基準として、4回以上、使用した者については1年以上の教化(懲役)、1グラム以上の現物所持は3年以上の教化刑を課している。

将軍様はどんな美女でも選び放題だろうが、一般庶民はなかなかたいへんなのである

ショートメールで送られてくる美女たちの写真

このように、売春を根絶させようとやっきになっている北朝鮮当局を尻目に、2018年になっても売春の進化が止まらない。

けん引しているのは、2008年の導入以降、いまや400万台、人口の約20%を超える普及率にまで成長した携帯電話だ。

実は、冒頭で紹介した「街頭に立つ」売春は、急速に新しい方法に取って代わられている。例えば、一度会った男性と携帯電話番号を交換すれば、それ以降は個人的に連絡を取り合えば済むわけで、途中で客引きにマージンを抜かれる心配もなくなる。日本風に言うと、「パパをゲット」といったところか。

そればかりか、例えば「平城(ピョンソン)」や「清津(チョンジン)」といった大都市では、女性を「チョイス」できるシステムも存在する。

男性は駅に着く前に、あらかじめ女性陣を抱える案内人と連絡を取り、好みの女性を写真で選べる。インターネットが一般人に開放されていない北朝鮮で、通信手段はMMS、つまり添付画像つきのショートメールとなる。スマートフォンも普及しているため、高画質の写真がやり取りされる。

もちろん、当局もこうした動きは折り込み済みだ。女性を紹介する案内人を捕まえようとするが、案内人側も摘発を逃れるために電話番号をコロコロ変えるなどの手段で対抗する。

北朝鮮内部で動いてくれた知人によると、案内人の番号は隠密に共有されており、まさに当局と買春男性のあいだでイタチごっこが続いていると言ってよい。「エロ」に対する情熱は万国共通だ。

明るい「エロ」を求めて

だが、問題も多い。

北朝鮮はとくに、「我が国にエイズ患者はひとりもいない」などという声明を政府が出すほど、性に関する知識が大衆化されていない。そのなかで、弱者である女性はコンドームなしの性交を迫られ、性病に悩まされ続けてきた。麻薬中毒と性病が重なれば破滅しかない。

幸いなことに、最近では中国製の避妊具や薬品が普及し、こうした状況も改善されつつある。北朝鮮で明るい「エロ」が見られる日が、一刻も早く来てほしいものだ。

【さらん・へいたろう】朝鮮半島の風俗事情を求めるライター。おもに韓国に滞在している。

鮮レストランの落日 in カンボジア

アンコールワットのお膝元で働く北の美女たちはいま?

日本海に向けて大陸間弾道ミサイル「火星15」型を発射した対抗策として、国連安全保障理事会は北朝鮮への追加制裁を採択した。その中身は、ガソリンやディーゼル燃料など石油精製品輸出の9割削減が柱となったが、注目すべきは「海外にいる北朝鮮の労働者を2年以内に帰国させること」を義務づけた点だ。

全世界で制裁が必要になるほど、北朝鮮の外貨稼ぎはド派手になり、巨額の資金を本国に流し込んでいる。友好国カンボジアにある美女軍団のレストラン、そして北朝鮮国立の巨大博物館に潜入取材すると、客足は遠のき、風前の灯の状態となっていた。

だが、最後のひと絞りを得ようと、美女たちは必死の形相で外貨稼ぎに精を出していた——。

文・写真 **佐野兼正**

北の「友好国」カンボジア

カンボジアは北朝鮮にとって東南アジア有数の友好国で、外貨稼ぎの拠点となっている。その背景には、半世紀以上前から続く両国の友好関係がある。

1960年代の非同盟諸国会議への参加をきっかけに、シアヌーク国王と金日成主席は昵懇の仲となる。ポル・ポト政権やカンボジア内戦を経てシアヌーク国王は失脚や復活を繰り返したが、その間も友好関係は持続した。

1997年にカンボジアは韓国と国交を結び、金主席とシアヌーク国王が他界したが、時を経た今日まで首都プノンペンには北朝鮮大使館があり、良好な外交関係を維持している。

韓国人観光客をアテに

北朝鮮が多数の工場労働者や土建業の肉体労働者を派遣するロシア、中国とは異なり、カンボジアは人件費が安い。そこで、北の当局は早くから同胞の韓国人をアテにする観光産業への進出を推し進めてきた。

世界遺産のアンコール・ワット遺跡群を見ようと大挙して韓国人の観光客が訪れるようになった2003年11月、北朝鮮は、観光の拠点となるシェムリアップ市内、国際空港に向かう国道6号沿いの一等地に北朝鮮レストラン「平壌冷麺館」をオープンさせたのだ。

当時、すでに首都プノンペンに同名のレストランがあり、支店として開かれたものだ。平壌からやってきた10人ほどの美女軍団、調理師や事務方、幹部で組織した、細々とした幕開けだった。

美女軍団が大ブレイク

珍しい北朝鮮の美女による歌と踊りのショー。なにより外国に来てまでわざわざ母国の料理を食べたがる韓国人観光客

「壊滅間近」の北朝

美女軍団

の趣向が、ぱちっとハマり、「平壌冷麺館」シェムリアップ支店はたちまち大ブレイク。外国駐在員や大使館員を常連客にする本店よりも儲かるようになる。

10年ほど前には店舗兼宿舎をはす向かいに新築し、フロアを体育館ほどの大箱（推定300席）にして、ショー要員のスタッフを増派した。ランチタイムや定期ショーのある夕食時には大型観光バスが何台も乗りつけ、まさに飛ぶ鳥を落とす勢いとなっていた。

この最盛期、取材を試みた経験がある。8割以上の席が埋まり、すさまじい回転技を繰り出す民族舞踊やバイオリンを取り入れたモダンな朝鮮歌謡のライブなど、イデオロギーを超越した、誰もが納得するクオリティーの高い舞台を見せていた。

繁盛ぶりに店の出入り口には浮浪児がたむろするほど。2匹目のドジョウを狙って、北朝鮮にある別の機関が新店のレストラン「平壌親善館」をオープンさせた。

朝鮮半島情勢の悪化で衰退へ

2008～09年にかけて韓国通貨危機が起き、観光客は激減する。さらに2010年には延坪島《ヨンピョンド》砲撃事件（※）が発生、2016年には中国にある北朝鮮レストランで集団脱北事件が起き、韓国政府はその都度「独自の制裁」として、自国の駐在員や観光客に対して北朝鮮レストランへ出入りしないよう自粛を要請した。

結果、「平壌冷麺館」前で名物だった観光バスの隊列は過去のものとなり、新店はすでに潰れてしまった。さらに今回の国連制裁では「北朝鮮労働者の新規の就労ビザ禁止」「2年以内の帰国」という、営業継続が困難となる措置が履行される算段となっている。

広大な店内に客はおらず……

いつにも増して風当たりが強まるなか、美女たちの素朴な笑顔、萌えるキレキレのダンスや「NK-POP」は消えたのか。それとも友好国ゆえ、国連制裁に目をつぶるのか？　北朝鮮マニアの一介として、その趨勢が気になり、いてもたってもいられなくなった。制裁決定直後、日本から韓国・仁川経由でシェムリアップに飛んだ。

前回取材から10年、シェムリアップには中国資本の悪趣味なド派手ホテルが乱立し、観光客は激増していた。仁川からは複数のLCCが飛び、座席はほぼ満席。市内の幹線道路には韓国の大手旅行会社

※延坪島砲撃事件
2010年11月23日、韓国北西部、北朝鮮との軍事境界線が迫る延坪島に対して、朝鮮人民軍が突如として大量の砲弾を撃ち込んだ。韓国側も応射、周辺に非常事態警報を発令するなど、両国の緊張が一気に高まった事件。

北の美女にセクハラをカマす韓国人のおじさんたち

「ハナツアー」のロゴが入ったバスが走り回り、韓国人にとってカンボジア観光はいまも不動の人気がある。

一方で、シェムリアップ市内には無数の韓国料理店が進出し、10年前の「平壌冷麺館」独占状態は崩れていた。

それでも「平壌冷麺館」は営業を続けていた。そもそも海外にある北朝鮮レストランは立地の悪い店舗が多く、長続きしないのが普通だ。オープンして14年も同じ場所で営業していること自体が珍しく、体育館のような「平壌冷麺館」の健在ぶりを確認すると、感動すら覚えてしまった。

まずはランチタイムを狙って入店を試みた。推定300席の大フロアは真っ暗で客はだれひとりいない。

「いらっしゃいませ。何人ですか？　さあ、どうぞ」

と、美女のひとりが300席の大フロアの奥にある個室に案内する。横目に見えるステージには、ピンクや黒のジャージ姿で美女バンドが朝鮮歌謡の練習をしていた。

「あれが見たいんだけど……」

とかけ合うが、美女給仕は「夜6時半からやるので、もう一度来てください」と、昼の演奏をやんわりと断った。

VIP室への甘い誘い

奥にはVIP用と思しき個室が10部屋ほどあり、どの部屋も北朝鮮と韓国のカラオケ機器が並べて設置してある。

「メニューをどうぞ」

価格はすべてUSドル表示。キムチやチヂミのほか、犬肉スープまである。だが、どれも10ドル以上と高いのが特徴だ。美女給仕によると、料理人も平壌から呼び、本場の味を再現すべく厨房で腕を振るっているのだという。予算は普通に飲んで食って3人で100ドルぐらいと、日本とそう変わりのない割高な価格設定となっている。

石焼きビビンバ、チヂミ、冷麺など適当に注文をする。注文を終えても美女はピタッとテーブルから離れない。背後に美女がいる。常にジッと監視されるような体勢になる。

気まずくて仕方がないので、雑談をしてみることに。

「平壌から来たの～？」

と聞くと、

「はい。ここに来ている子はだいたい20代前半、19歳の現役大学生もいます。私たちはまだ5月に来たばかりですよ。アンコール・ワットも見学しました」

と、初めての海外勤務は楽しそうな口ぶりだ。

そういや、さっき大フロアでスマホをいじっている女の子もいた。無断外出はできない様子だが〝奴隷労働〟でもないユルい雰囲気が漂っていた。

シェムリアップにある平壌冷麺館は、かなりの大箱だ

「カラオケがお好きならば夜のショーが終わってから、個室で私たちと歌いませんか？　ボトルを入れてくれれば、お部屋を予約できます」

と、酒のメニューを見せてきた。高麗人参酒や金粉が入った「金酒」、ヘビが入った「蛇酒」などなど、高そうな北朝鮮産の酒が200～300USドルというスゴい値段で並ぶ。平壌の外貨ショップで売っている値段の10倍以上だ。

「どうしよっかな～」

と、思わせぶりな態度をしていると、美女給仕のリーダー格が、

「個室を希望するお客様は多いんですよ。いまならまだ間に合います。早く予約したほうがいいですよ」

と畳みかけてくる。

しかしだ。昼の段階で閑古鳥なのに、夜になって混むんだろうか？　そんなわけない。

そうこうするうちに別の美女給仕がビビンバやキムチの盛り合わせ、北朝鮮特有の豆チヂミを運んできた。なかなか旨い料理を堪能する間も、美女がピタッと側にいて視線が刺さる。わずかにグラスからビールが減ると、すぐに注いでくれる。もしかして「不審な日本人」としてマークされてしまったのか……といぶかったが、少し後で隣の席に在日朝鮮人の親子と思しき2人組が座り、ここにも美女の給仕がピタッとついていた。

給仕役の美女と客の間合いが近すぎるのは、単純に注文をたくさん取ろうというのが目的らしい。

将軍様の肝入りバンドが降臨

10年前にはなかった注文への貪欲さにショックを受けたが、ショーを見ずには帰れない。午後6時過ぎ、再び「平壌冷麺館」の門をくぐる。すると、韓国政府の自粛要請をものともせず、韓国人のアジョッシとアジュンマ（オヤジとオバさん）たちが1団体、30人ほど来ていた。韓国語の方言から田舎の観光旅行のようだ。

「同胞のみなさん、ようこそお越しいただきました。これより私たちの舞台をお楽しみくださ～い」

と、北朝鮮レストランでお決まりの名曲「パンガプスムニダ」（お会いできて嬉しいです）からスタート。10年前と似たような民族舞踊や琴、バイオリンの披露に続き、マニア的に聞き慣れたイントロが……。

青いワンピースにハイヒール姿、美女軍団が披露したのは金正恩党委員長の肝入りで結成された美女バンド「モランボン楽団」の曲だ！　ダンスも完全コピーし、か、かわゆすぎる!!　一介の北朝鮮マニアとして完全に悩殺されて30分のシ

ヨーは終了。10年前は動画、写真ともに撮影OKだったが、いまは、そこかしこに「撮影禁止」の張り紙がある。だが、韓国の団体は構わず写メを撮りまくるし、美女軍団もショーの終わった後に快く記念写真を応じてくれた。

　韓国のオヤジ軍団は記念写真だからと、美女軍団の腰や肩に手を回し、大胆にもセクハラ気味なポーズとなる。それでも彼女たちは笑顔を絶やすことはなかった。

アンコール遺跡にある謎の博物館

かなりでっかい「アンコール・パノラマミュージアム」

　翌日、北朝鮮が2015年12月にカンボジアと合弁でオープンした「アンコール・パノラマミュージアム」に足を運んだ。多くの観光客が立ち寄るアンコール・ワット遺跡のチケット売り場に隣接している。観光客の目に留まりやすい超一等地はカンボジア側が用意したとみられ、両国の蜜月ぶりを物語る。

　韓国メディアによると、ミュージアムは4年の歳月と約11億円の総工費をかけて完成した。建設主体は平壌の万寿台《マンスデ》の丘にそびえる金日成主席、金正日総書記の銅像を建立した万寿台創作社。精巧な立体造形の技巧が評判で、アフリカの独裁国家にも招聘され、各地に同社のアーティストたちが出稼ぎで建立した銅像がいまも残っている。

　ミュージアムの外観はカンボジア王宮を模したような作りで、全長130メートルもある巨大なハコモノだ。入場料は大人20USドル（外国人料金）、子供10USドルと高い。

アンコール遺跡群を模したミニチュア。これも北朝鮮製

　2階建てで、入るとすぐに日本語ができるカンボジア人の若い女性通訳が出現し「ワタシが解説します」と案内してくれた。1階無料エリアでは絵や模型でアンコール・ワットのできた歴史を解説している。

　有料の2階パノラマ絵画館ではアンコール・ワットの建設風景や戦乱の様子が歴史絵巻のように360度、ぐるっと描かれている。通訳の姉ちゃんは、

「このパノラマ画はカンボジア人の写真だけでなく、朝鮮人の女性をモデルにしています」

　とのこと。入場券を買った人は、カンボジアの歴史をCGで描いた20分ほどの映画も鑑賞できる。

　北朝鮮の革命画（宣伝画）っぽいタッチと、中国人グループを相手にする北朝鮮の美女通訳……。一介の北朝鮮マニアにとっては20USドルでお腹いっぱいの内容だが、そのほか99・9％の一般観光客は「損したなぁ」とガッカリすること間違いなし。実にショボいコンテンツだ。世界遺産に便乗した博物館に、訪れる客はどう見ても少なく、国連制裁があろうがなかろうが、潰れそうな雰囲気がプンプンと漂っていた。

（上）博物館建設を終えた後か、やり抜いた感じの北朝鮮労働者たちの肖像。これも革命チック
（右上）アンコールワットの絵は北朝鮮人のもの。なぜか朝鮮切手もお土産店で販売
（右）ぜんぜん売れていなかった北朝鮮切手

　帰り際、ミュージアムショップがあるのに気づく。2階で見たプロパガンダ・アートっぽいタッチの油絵が即売されていた。カンボジアの風景や遺跡が描かれているが、サインは朝鮮語で「キム」とか「パク」と描いてある。値段は200USドル前後とどうしようもなく高価で、売れるワケがない。棚には北朝鮮のキムチを集めた切手や高麗人参の薬が並び、これも50～60USドルと高っ。唯一、英語で「クメールマン・ケービング」と書かれた北朝鮮っぽい金色の古代人像が、15USドルだったので購入した。

　帰国後、荷物を開けてみると「クメールマン」は崩れてバラバラになっていた。型に質の悪い石膏を流し込んだだけのチープな作りが〝死因〟となっていた。

　観光客の空気を読めない「アンコール・パノラマミュージアム」。北朝鮮の奇妙なお土産は、その行く末を物語っている気がした。カンボジアにおける「美女ビジネス」の落日は近い。

【さの・かねまさ】裏日本出身、東京在住のIT技術者。中国、韓国、北朝鮮の現場取材が得意で、時々ライター業として活動する。

案内人丸山ゴンザレス

アジアの端のスラム街 〜シリア難民レポート

トルコ国内にある難民の街

アジアの西の端。東洋と西洋にまたがる世界でただひとつの都市イスタンブール。トルコ最大の都市にして（首都はアンカラ）、紀元前に成立した古の都。このような説明文など、多くの人は見飽きているかもしれない。というのも古くて大きいだけではなく、現在も人気の観光地として世界中の注目を集めているからだ。ただし、近年ではテロや難民問題など、治安面での不安が懸念されており、観光業は少なからぬダメージを受けている。

そんなイスタンブールを取材しようと思ったのは、「リトル・ダマスカス」と呼ばれる場所があるからだ。ダマスカスはシリアの首都。アサド大統領の率いる政府軍の本拠地である。２０１１年から始まった内戦の影響で、シリア国内から多くの難民が生み出された。

難民となった人たちは、よりよい環境を求めて欧州、とくにドイツやイギリスへ逃れようとした。その移動の様子はメディアを通じて世界中に配信され、ゲルマン民族の大移動以来ではないかと思わせるほどの規模となっていることが一目瞭然となった。トルコに入国した２５０万人以上のシリア難民たちのなかで、ヨーロッパには渡らずそのままとどまった人たちが造った街。それがリトル・ダマスカスだという。

トルコで生きていくという決意

新大久保やバンコクのチャイナタウンのようなところをイメージしていた。しかし、いざ訪れて受けた印象はまったく違ったものだった。

イスタンブールの市街地は、ボスポラス海峡を挟んでアジアとヨーロッパに分かれている。ヨーロッパ側は、さらに新市街と旧市街に分かれている。観光客が目指すのは、おもに旧市街のほう。ブルーモスクやグランバザールなど主要な観光地が多いからだ。

リトル・ダマスカスがあるのは、旧市街の中心部からトラム（路面電車）で15分ほど西に移動したユスフパシャ駅とフンドゥクザーデ駅の間。目立った観光名所もなく、ただの住宅地である。

だが、実際に行ってみて、まったく別の気づきがあった。それはこの場所におよそ2年半前に来たことがあるということだ。直前まで記憶から抜け落ちていたのだが、飛行機のトラブルでイスタンブールに足止めされた際、航空会社が用意したホテルがあった場所だった。

リトル・ダマスカスの一角。意外に平穏な空気が流れている

懐かしいと思って、スマホに残っている写真と見比べる。次第に遠くに見えるモスクや街並みの記憶が蘇ってくる。だが、その断片をいくら探ってもリトル・ダマスカスのことは該当しなかった。当時はシリア難民がそこまで大きな問題として取り上げられていなかったから気がつかなかったということもあるだろう。

トルコ文字の看板に混ざって、アラビア文字の看板が散見される。どちらの文字にも慣れていない外国人にとっては、見分けられるほど目が慣れるようになるまでに多少の時間は必要である。ようやく認識できたアラビア文字の店を探っていけば、それなりにまとまった店舗数がこのエリアに固まっているのはわかる。私は、そのうちの一軒に入ることにした。

店内には客はおらず、ひとりの若い男性の店員がカウンターでなにやら作業をしていた。雰囲気からカフェであることは察しがついた。

「コーヒーください」と、注文をして座る。見渡してみると、開店直後だったのだろうか、自分以外には誰もいないようだ。ほかに客がいないのをいいことにさりげなく彼にインタビューをしてみることにした。

「このあたりにシリアの人が多くて、リトル・ダマスカスっていうらしいね」

「わからないけど、僕はシリアから来たんだ」

「そうなんだ！」

その後、彼が内戦から逃れるべくトルコに来たことなどを聞き出したが、やはり話しにくい記憶にも触れたのだろう。あまり元気がなくなってきた。軽く話題を変えてみることにしたのだが、それがまずかった。

「君は英語が上手いね」

「前は仕事で英語を使っていたからね。でもいまはだいぶ忘れちゃったし、トルコ語を覚えなければいけないから」

悲しそうな表情を浮かべる彼にどんな言葉をかけようかと考えていると、ちょうど客が入ってきた。これ以上インタビューは続かなかった。常連と思しき老人たちと会話を重ねる若者は、トルコ語を習得しようとしていた。つまり、この街で生きていくと決意しているのだと、私には思えた。

移民たちを吸収してきたイスタンブール

2015年末に、当時問題になっていたギリシアからドイツまでの通称「地中海ルート」を動くシリア難民たちと同じ道のりを旅したことがある。その際に出会った難民たちは、「これからドイツに行けばなんとかなる」という希望に満ちた目をしていた。絶望的な状況にありながら、期待感が気持ちを高揚させていたのだろうし、その希望にすがるしかなったのだろう。トルコで出会った店員の若者とはまったく異なる目つきだったことをものすごく思い出すのだ。

もちろん、当時といまとでは難民を取り巻く状況はまったく違う。難民をめぐりヨーロッパ各国の意見が割れた結果、難民の受け入れに懸念を示す右派勢力が欧州各国で台頭することになったのは周知の事実である。おそらく、ドイツを目指していた難民たちが置かれている環境も、順風満帆というわけにはいかないはずだ。

一方、カフェの店員をはじめとして、何人かのシリア人をイスタンブールで取材することができた。出会った範囲だけではあるが、彼らからは「この場所で生きる」という覚悟を感じることができた。

そして、シリア人として生きる誇りを持っているのは確かであろうが、商売をするうえで客をシリア人に限定することなく、トルコ人とも積極的に交流していく路線をとっている。そのおかげというのだろうか、街を不法占拠をすることもなく、リトル・ダマスカスはスラム化していない。むしろ、コミュニティとしてはトルコの街に吸収される形になっているようにも見える。

これは移民（不法移民も含む）が多いエリアでは珍しいのではないかと思う。というのも、西洋と東洋の交差点であり、周辺国に比べても豊かなイスラム都市であったイスタンブールには、シリア難民が生まれるはるか以前から故郷を追われた人々が流れ着いて、多くのスラムが形成されてきた歴史があるからだ。1950年代には中央アジアや新疆ウイグルから来たイスラム教徒の移民たちが、イスタンブールの空き地に小屋を建てて暮らしていたこともあるそうだ。

同化を拒む人々もいる

では、いまもイスタンブールにスラムがあるのかといえば、存在はしている。タルラバシュ地区である。実際に現地を歩いてみるため、事前にトルコ通の友人たちに「スラムはどこか？」と聞いてリサーチしてみようと思ったのが、軒並み「知らない」「聞いたことない」と返されるばかり。

だが現地で、地元の人にちょっと話を聞くと「あまり行かないほうがいい」とか、「遅い時間には近寄らないほうがいいよ」と言われた。存在はしているが、外国人の目にはあまり触れることもなく、ほとんど知られていない場所だということはよくわかる。

観光地として人気の旧市街からガラタ橋をトラムで渡った。対岸に着くと、すぐ下車して新市街の坂道を登っていく。ひときわ高いエリアに来ると、ガラタ塔が建っていた。高さ66メートル。石造りの塔として有名な観光スポットになっている。また、今回の目的ではないのでスルー

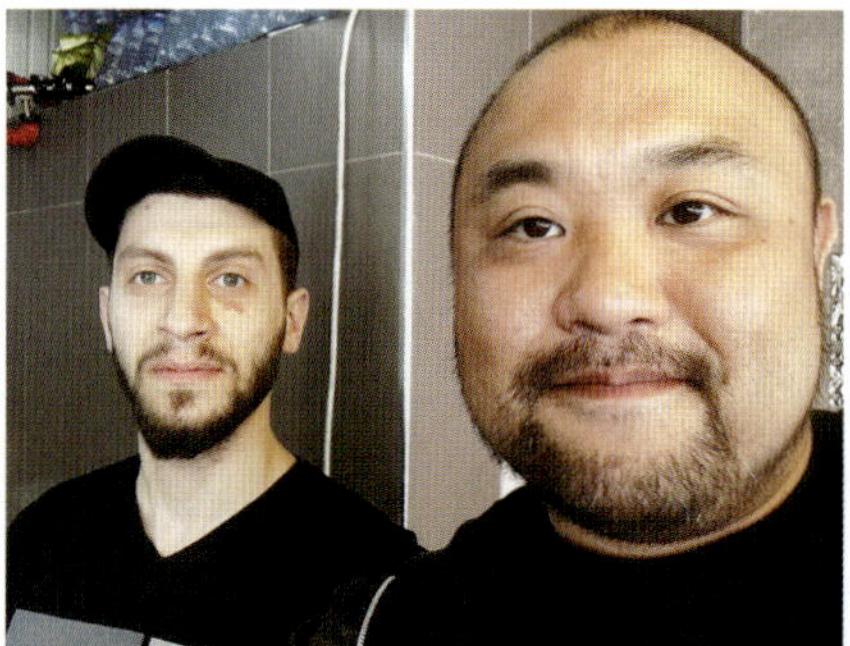

話を聞かせてもらったリトル・ダマスカスのカフェの店員と

イスタンブールの世界的観光地のすぐそばにも、スラムは広がっている

したが、この近辺には有名な売春窟もある。

石畳を歩きながら街並みを横目にしばらく進んでいくと、タクシム広場がある。新市街の中心に位置する象徴的な場所である。そこから緩やかな坂道を下っていく。すると、観光都市としての顔は次第に薄れていき、急に雰囲気が変わる。それまで綺麗な街並みだったところに廃屋が目立つようになる。ゴミも打ち捨てられている。なによりも狭い道には洗濯物が暖簾のようになって、何重にもぶら下がっているのがものすごく印象的だった。

やや面食らう私のことを気にするでもなく、子供たちが走り回っていた。だが、大人たちは物陰から侵入者を伺うように睨みつけてくる。余所者に対する強い警戒心が向けられたことで、ここがスラム街であることよくわかった。

ちなみにスラムを定義するとしたら、貧困層が過密な人口で暮らす場所ということになるだろう。そこには不法占拠であることも含まれるのだが、さすがに、この場所のすべてが不法占拠とはいえないだろう。廃屋に住んでいる人もいたりするので、不法占拠に当たる場所もあるだろう。もちろん人口も多い。

リトル・ダマスカスは、完全にイスタンブールに吸収されている印象だったが、ここにはそれがなかった。時間が経っても、決して馴染めないこともあるのだろう。だが、その一方で、まだ来たばかりでも積極的に馴染もうとしている人たちもいるのだ。

多くの人々が流れ着く巨大都市の持つ多様性は、どちらのスタイルも受け入れてくれるのだろう。

観光都市としての色が濃いイスタンブールではあるが、1480万人もの人口を擁する巨大都市だけあって、都市の闇の部分たるスラム街の浄化は完全なものとはいえない。もちろん行政も立ち退きやら移住やら方策を打ち出しているものの、完璧に機能しているとは言い難い状況になっている。

たとえ行政のシステムが受け入れに最適化していなくても、街そのものの懐の深さのおかげで、多くの人が住む場所を得ることができるのであろう。アジアの西の端っこにあるスラム街を通して、そんなことを思ったのであった。

【まるやま・ごんざれす】1977年、宮城県生まれ。國學院大學大学院修了。海外の危険地帯から裏社会や犯罪、国際ビジネスまで幅広い分野で取材活動するジャーナリスト。國學院大学学術資料センター共同研究員。現在はTBS系「クレイジージャーニー」に出演して危険地帯ジャーナリストとしての顔も持つ。著作は旅行ガイドや裏社会を中心に複数ジャンルにわたる。

逃げる力 ②

フリーランスとして生きていくことに憧れなどなかった。だいたい、その生活のイメージが湧かなかった。父は高校の教師だった。給与生活者の家に育ったわけで、月々の収入が一定しないというものがどういうことなのか想像できなかったといったほうがいい。

フリーランスの収入は一見、高そうに思えた。実際、新聞記者として働いていたときより、額面は多かった。しかしそれは目くらましというものだった。会社に勤めるということは、経費だけではなく、健康保険や手当など、さまざまな費用を会社が負担していた。そういうものがなくなるわけだから、一見、収入が増えたような気になる。

フリーランス暮らしも年数を重ねていけば、そのあたりの中身のない高揚感をセーブしていくこともできるのだろう。しかし僕はまだ若かった。世間はバブルのなかにいたから、こんな感じでいつまでもやっていけるような気がしていた。

しかし人間、30歳をすぎてくると、いつまでも浮かれ雲のように生きていくことはできないのではないか……という不安も頭をもたげてくる。おそらくそんなときだったのだと思う。ひとつの健康雑誌の連載がきっかけで顧問契約の話が舞い込んでくるのだ。

収入ということを考えれば、安定した情況に近づいていけるのだろう。顧問料という形での一定収入は、堅実という言葉に近づけてくれるような気もしていた。

もともとフリーランスの生活を骨身で知っているわけではない。漠然とした将来への不安のなかでは、顧問契約は、「そろそろ夏休みも終わりなのだ」と自分にいい聞かせるきっかけのような気もした。

しかしその一方で、結局はひとつの枠組みに収まってしまうという、閉塞感も感じとっていた。それならわざわざ、フリーランスという立場を選ばず、どこかの会社に潜り込むことと同じような気もする。

その狭間で僕は悩んだのだろうか。人の心のなかには、強気と弱気が同

ごちゃごちゃしたバンコクの下町には、外国人も包み込むふしぎな安らぎがあった

フリーライターという人生。それは気楽なようにも見えて、あてのない空しさのようなものにとらわれ続けることでもある。そんな日々をいったん、ストップさせたい。そう思った僕は、仕事をすべて整理して、バンコクに向かった。ただタイ語を学ぶ日々が始まった。

なぜ僕は"旅"を書いているのか

文・写真　下川裕治

居している。あるときは強気に振れ、あるときは弱気に傾く。当時を振り返ると、もう少し失望していたようにも思うのだ。フリーランスという、一見、自由業のように映る仕事のスタイルも、結局は会社という枠組みのなかで動いているという事実を教えられてしまったからだろう。

こんな毎日でいいのだろうか

結論からいえば、僕はすべてから逃げた。なにかを書きたいために逃げたわけではない。そもそも書きたいテーマがあったわけでもない。フリーランスのライターという仕事を離れたわけでもない。かといって、これからも依頼された原稿を書き続けるのかもわからなかった。すべてをとりあえずペンディングするかのように、ただ逃げたのである。

情況を分析すれば、このままなんでもこなしていくライターから逃げたということだろうと思う。

フリーランスのもとには、さまざまな仕事が舞い込んでくる。僕は経済関係の記事が得意というわけでもないのだが、時代はバブルだから、金融関係を取材する仕事も降りかかってくる。それをなんとかこなすと、仕事を発注した編集者は、「下川さん、これから経済ライターで生きていけるんじゃないですか」などと歯が浮いたような言葉を投げてくる。その次には、医療ものの取材が飛び込んでくる……。こういう情況のなかに置かれると、つまりは器用なだけのライターのように思えてくる。

そろそろ専門の分野に絞っていかなくてはいけない――。知人は訳知り顔で忠告してくれる。僕自身、たしかにそうは思うのだが、いったいなにが専門なのか、自分でもわからないのだから始末が悪い。

そういう情況をすべて棚あげしただけのことだった。先送りである。

しかし逃げるためには、それなりの計画がいる。だらだらと仕事を受けていたら、いつまでも逃げることができないのだ。日本を離れる日を決め、それ以降の仕事は断っていかなくてはならない。計画性のない人生を送ってきた僕が、よく仕事を整理していったと思う。ある程度の覚悟はしていたということだろう。

逃げた先は心地よい日々だった

穏やかな秋の一日だった。成田空港の搭乗待合室のテレビには、プロ野球の日本シリーズが映し出されていた。巨人軍の江川卓がマウンドにあがっていた。

彼とは同じ年に、慶應義塾大学を受験していた。僕とは学部は違ったが。彼は結局、受験に失敗し、法政大学へ。その後、いろいろあったが、念願の巨人軍のユニホームを着てマウンドに立っていた。

その姿を待合室でぼんやり眺めていた。結局、その試合は最後まで観ることはできなかった。バンコク行きのパキスタン航空の搭乗がはじまってしまったのだ。

飛行機はタイのバンコクに着いた。最初の晩はいつもの安宿に泊まった。翌日、昔からの知り合いのタイ人を訪ねた。

彼はかつて日本で働いていた。不法就労である。それ以来のつきあいだった。

その日、彼は姉の家でトランプ博打に熱をあげていた。カードを手にした彼の横でこういった。

「しばらくバンコクにいるよ」

「1週間とか10日じゃなくて?」

「少なくとも半年。タイ語学校に通おうと思う」

「それはいい。じゃあ、ここに下宿しろよ。姉にいっておくから」

こうしてバンコクの下宿が決まった。

僕はただタイ語の勉強に没頭した。これまで身を置いていた日本のマスコミとは関わりたくはなかった。バンコクでは働くつもりはなかった。日本から持参した金がすべてだ。これが終わるとき、決めなくてはならない。

そういうことから逃げるために、ただただタイ語を学んだ。学校は毎日あった。月曜日から金曜日まで毎日4時間。休まずに通った。家では復習もした。

タイ語を学ぶ日々が、こんなに楽だとは思わなかった。勉強は大変だったが、なにも考えずにすんだ。日本にいたとき、あれだけ飲んでいた酒も、いつの間にか飲まなくなっていた。

タイに向かう前、アルコール依存ではないかと不安になるほど酒に手がのびていた。バンコク暮らしがはじまったときも、不安でメーコンというタイのウイスキーを買っていた。しかし下宿に出入りする男たちがどんどん飲んでしまう。これでは金が……と思っているうちに、酒を飲まずに眠りにつく自分がいた。

結局、10か月近くバンコクで暮らした。

手もちの金はなくなってしまった。帰国し、はじまった仕事が、「12万円で世界を歩く」という連載だった。これが僕の事実上のデビュー作になる。その話は次回に。

【しもかわ・ゆうじ】1954年長野県生まれ。90年、『12万円で世界を歩く』でデビュー。以来、アジア、沖縄をフィールドにバックパッカースタイルでの旅を書き続けている。著書多数。最新刊は、『週末ちょっとディープなタイ旅』

DENCOM
CONSULTANCY & MANPOWER SERVICES

人材紹介、翻訳・通訳、会社設立、ISO 9001 認証取得のご相談は

Dencom Consultancy & Manpower Services へ

人材紹介及び就職支援サービス

- 多言語の人材紹介
- 工場関連: 人事管理者、会計士、総務管理者、電子技師、電気技師、機械技師、生産管理者、汚染管理職、建築士及び品質管理職
- IT関連: ソフトウェア・プログラマー、オートカード開発者、データアナリスト
- オフィス関連: 販売、マルチメディア販売、運営管理幹部、市場開発職、輸出及び輸入の専門職、フィリピンの弁護士、会計および財務管理職

多言語による翻訳・通訳

フィリピンの一時的及び長期の就労ビザ取得及び、観光ビザの延長、フィリピンの永住資格の取得代行

会社設立コンサルタント

ISO 9001認証取得コンサルタント

Apple AppIOSの開発業務

Dencom Consultancy & Manpower Services
Unit 3008-9 Cityland Pasong Tamo Tower
2210 Don Chino Roces Avenue
Makati Philippines

Linkedin https://ph.linkedin.com/in/dennisdencom
Wechat ID dencom3009
Whatapp Tel No.63-9196775493
SkypeID: dencomdennis
LINE ID dencom3009
QQ 1745716159
Tel：7284351 (Directl Line) / 8136977
携帯電話：0919-6775493（日本語と中国語）

フィリピンでの人材確保はデンコムにお任せ

２０００年にデニス・ミラン氏が立ち上げたデンコム・コンサルタンシー&マンパワーサービスの経営理念は、人材を適切な仕事に配属して、組織としてのパフォーマンスを最大化することによって適材適所を実現することと、従業員ひとりひとりの配属された先での期待収益（パフォーマンス）を最大化することを通じて顧客の期待に応えていくこと。

具体的には、多言語の人材紹介として、日本人、韓国人の紹介のほか、ドイツ語やフランス語、スウェーデン語、ベトナム語、タイ語、インドネシア語、マレーシア語、ポルトガル語、ロシア語及びスペイン語など多国籍言語に対応し、ＢＰＯ（ビジネス・プロセス・アウトソーシング）顧客サポートを実施。

そのほか、通訳および翻訳者の紹介や派遣サービス、外国人の専門職として、たとえば会計、ＩＴ、財務分析、医療設備、建築、カジノ、ホテルおよびテクニカルライターなどの紹介・派遣なども行っている。

さらには工場の人事管理者、会計士、総務管理者、電子技師、電気技師、機械技師、生産管理者、汚染管理職、建築士および品質管理職や、ＩＴ業界向けにはIOS、SEO、Net Working、AXプログラマー、NAV、PHP、Android、JAVA、ORACLE、UNIT、LINUX、MS Dynamic、SAP、VBのプログラマー、オートカード開発者、データアナリスト、オフィス業務としては営業、マルチメディア販売、運営管理幹部、市場開発職、輸出および輸入の専門職、フィリピン人弁護士、会計及び財務管理職などの紹介、派遣も可能だ。

翻訳・通訳業務としては、法廷通訳・同時通訳、会議、会社の会計、社内審査および審査時の通訳、政府機関が認める翻訳証明書発行、会話および読み書きの多言語アセスメント、多言語による証明書の発行などを実施。

最近、日本人や日系企業からの依頼が多いのが、会社設立やＩＳＯ９００１認証取得に関するコンサルタント業務だという。

日本語が堪能なミラン氏を頼りにする日本人や企業も少なくなく、さまざまな相談に応じ信頼を得ている。

PROFILE **デニス・ミラン**

1962年、西ビサヤ地方アクラン州生まれ。広東語、中国語、日本語、フランス語、英語およびタガログ語を身につける。2000年にデンコム・コンサルタンシー&マンパワーサービスを立ち上げ、翻訳、通訳、ウェブ開発に従事。その後、人材紹介および派遣の業務を始め、いまはISOの支援コンサルタントや会社設立の代行、不動産の仲介やレンタル、外国人のビザ取得代行、IOS Apple Appの開発、株の分析などにも業務を拡大し、会社を安定軌道に乗せる。現在、同社アドバイザーとして、一線から徐々に身を引きながら海外旅行などを楽しむ生活に入りつつある。

投資対象として学校に手を出すな

「外国人労働者受け入れと日本語教育」（ひつじ書房）

外国人の技能実習制度が介護の分野にも拡大されたことを受け、フィリピンやベトナムなどで日本語学校の設立ブームが起こっている。この本は、こうしたブームに釘を刺し、長期的な視野なく、単なる投資目的あるいは人材確保目的で日本語学校を設立するのであれば、しっぺ返しを受けることになると警告する。

編者の田尻英三・龍谷大学名誉教授は、実質上の非熟練労働者を技能実習生と言い張る日本政府の欺瞞を喝破するともに、2013年から17年の外国人労働者受け入れ施策を時系列を追って列記し、それがいかに場当たり的なものでしかないことを浮き彫りにする。もちろん、そうした危うい背景があるゆえに外国人に対する日本語教育は心もとないものでしかない。介護士もそうだが、日本語教育の分野でも人材不足が深刻化しているのがその一例である。

名古屋で30年以上にわたって語学学校を運営してきているI．C．NAGOYAの丸山茂樹校長は次のように話す。

「『氷山の一角』しか見ていない人々が日本語学校は『儲かる』とか、簡単に人手の確保ができると勘違いして日本語学校新設を考えている。すでに建物も購入したが肝心の主任講師が見つからないので紹介してほしいという依頼が丸山にも来ることがある。訪ねてくるたびに相当な覚悟と信念がなければ日本語学校を作るのはお止めになったほうがいいと申し上げている」

本当に役立つ日本語を教えるために

ではなぜ、日本語教員の確保がむずかしくなっているのだろうか。介護士同様、給与などの条件が低いことが一因だが、それだけではない。丸山校長は「日本語教育において、日本語教員に求められる資質や技量は受け持つクラスのレベルによって異なる」としてこう指摘する。

「初級はとにかく体力。中級は間違った使い方に対して、来る日も来る日も修正をしてやる忍耐力。中上級は日本社会で円滑に人間関係が日本語を通して結べるようになる知識やしぐさを、面白く事例を使って伝えられる力である。そのような教員は一朝一夕でできあがるものではない」

ここ数年の教員不足は日本語学校が増えただけの理由ではなく、体力的な問題で引退する教員が出始めているなど、少子高齢化を含めたさまざまな要因が重なっているという。

日本語教育の現場を知らない「素人」が安易に日本語学校に手を出すと大やけどをしがちだと丸山校長は指摘する。

また佐賀大学全学教育機構の布尾勝一郎准教授は、介護実習生に対して日本語能力試験のN4以上の資格取得が求められていることに関して「介護の業務に必要な日本語能力の指標や評価基準が確立していない」現状を指摘し、以下のような懸念を表明する。

「『N4』『N3』といった日本語能力試験のレベルは、介護業務の日本語能力を測定できる指標ではないにもかかわらず、『入国時はN4』『研修開始後1年終了時にN3』といった言葉がひとり歩きをしている。これらのレベルが目的化してしまうあまり、介護の業務で実際に使う専門日本語、とりわけ、日本語能力試験では測定できない話す技術や書く能力が軽視されたり、後回しにされてしまわないか、という懸念がある」

日本語学校設立ブームの影で、日本語学校は危うい状況のなかで存立していることをこの本は教えてくれる。

（編集部＝和田等）

外国人労働者受け入れと日本語教育（ひつじ書房）

編・著 田尻英三

日本で働く外国人労働者にとって、日本語能力がいかに重要か。日本語教育推進基本法（案）について説明されているだけでなく、介護人材・実習生の日本語教育など、分野別に触れその問題点などを指摘した1冊。

取り扱い書店：櫻文化堂書店
〒450-0002 名古屋市中村区名駅3-26-19
名駅永田ビル1F
FAX：(052) 581-3376 eメール：maruyama@icn.gr.jp

THE ART OF COMING BACK HOME.

めまぐるしいスケジュールをこなさなければならないのがビジネス旅行の常。

ステキな滞在の妙技を約束するThe Picasso Boutique Serviced Residencesにお越しいただき、ストレスを感じることのないビジネス旅行のひとときをお過ごしください。

リラックスの妙技がここに

1日の終わりに「Qi Spa」でのマッサージや2階分のスペースを擁するジムでくつろいで、芸術性あふれる広々としたお部屋で快適な休息を満喫ください。

ビジネスの妙技を実現

室内で提供する高速かつ間断のないWi-Fiによって外部との連絡を取り続け、7階の会議室で会議をすることも可能ですし、ホテル内にあるレストラン「パブロ」で訪問者を自慢のスペイン料理でもてなすこともできます。朝の忙しいひとときにはカフェ「カルテル」でコーヒーやオーガニック・フードをおとりいただくのがお勧めです。

楽しみの妙技をご体験あれ!

マカティ市のビジネス地区の中心地にあるピカソ・ブティックのすぐ近くには多くのナイトスポットがあり、アヤラ・センターの店舗や見どころを探索できる最高のロケーションにあります。土曜日には目と鼻の先の位置にある公園でサルセド屋外マーケットが開催されますので、ぶらりと出かけてみるのもいいでしょう。

THE Picasso
BOUTIQUE SERVICED RESIDENCES

FOR RESERVATIONS

119 L.P. Leviste St., Salcedo Village
Makati City, Philippines 1227
T (+63) 2 828 4774
E reservations@picassomakati.com
W www.picassomakati.com

MANAGED BY HOSPITALITY INNOVATORS INC. (HII)

新疆ウイグル自治区の一帯一路

トルファンに敷かれた戒厳令？

文 下川裕治　写真 中田浩資

ここまでやるか……。

トルファンのバザールで呟いていた。

市場に入るのに、まずX線のセキュリティチェックを受ける。そしてボディチェック。さらにパスポートの提示。写真のあるページを写真に撮られる。

現地の人たちも同じチェックを受ける。彼らが差し出すのは身分証明書。それを読み込むとモニターに顔写真が映しだされる。本人かどうかをチェックするのだ。

バザールのなかには、野菜の市場もあれば食堂もある。買い物や食事をするたびに、このチェックを受けなくてはならない。

トルファンの街でいったい、何回、チェックを受けただろうか。トルファンの駅を出るときにも受けた。ホテルの出入りの際には必ずX線とボディチェック。

車で郊外に出た。途中でガソリンを入れることになった。ガソリンスタンドの入口で僕らは降りるようにいわれた。荷物もすべて降ろす。ドライバーはコートを脱ぎ、ポケットのなかの財布や鍵を置き、つまり空身になってガソリンスタンドに入っていく。もちろん入口ではセキュリティチェック……。

そこで呟いてしまう。

ここまでやるか……。

少数民族たちを呑みこんでいく

一帯一路である。

中国が提唱する経済圏構想だ。一帯とは、中国西部から中央アジアを経てヨーロッパに至る陸のシルクロード経済圏。一路は東南アジアやアフリカと中国を結ぶ海上貿易ルートをいう。

新疆ウイグル自治区を一帯が通っている。中国の威信をかけたこの経済構想に、巨額の投資が行なわれている。トルファン郊外には、広大な工業団地が建設されつつある。道路や鉄道は整備されていく。

トルファンの街もずいぶん変わってしまった。街の中央に幅の広い道ができ、そこに沿ってビルが並ぶ。もはやシルクロードの面影はない。

しかし中国は、ウイグル人問題を抱えている。反発する彼らは、これまでもしばしばテロ事件を起こしてきた。バンコクの爆破事件、昆明駅前の事件……。新疆ウイグル自治区内では、かなりのテロが起きているはずだ。その多くは報道されていない。

街には逃亡したウイグル人の手配写真が貼られている。その数16人。逃亡した日付を見ると、8割が前の月だった。日本のような何年も前の事件ではない。

ウイグル人の反発を、中国は力で抑えつけようとしている。頻繁に行われるチェック。路上には200メートルおきぐらいに警察のチェックポイントがある。まるで戒厳令が敷かれているかのように。

中国はウイグル人の分断策にも出ている。食堂には、ヘルメットと盾が配られている。そこには「反暴」の文字。従順なウイグル人を公安側に組み込もうとしている。

2016年8月、台湾の蔡英文総統は、台湾の先住民族に対して、正式に謝罪した。これに対して、中国は不快感を示したといわれている。中国の少数民族への対応に対するあてつけ……だと。

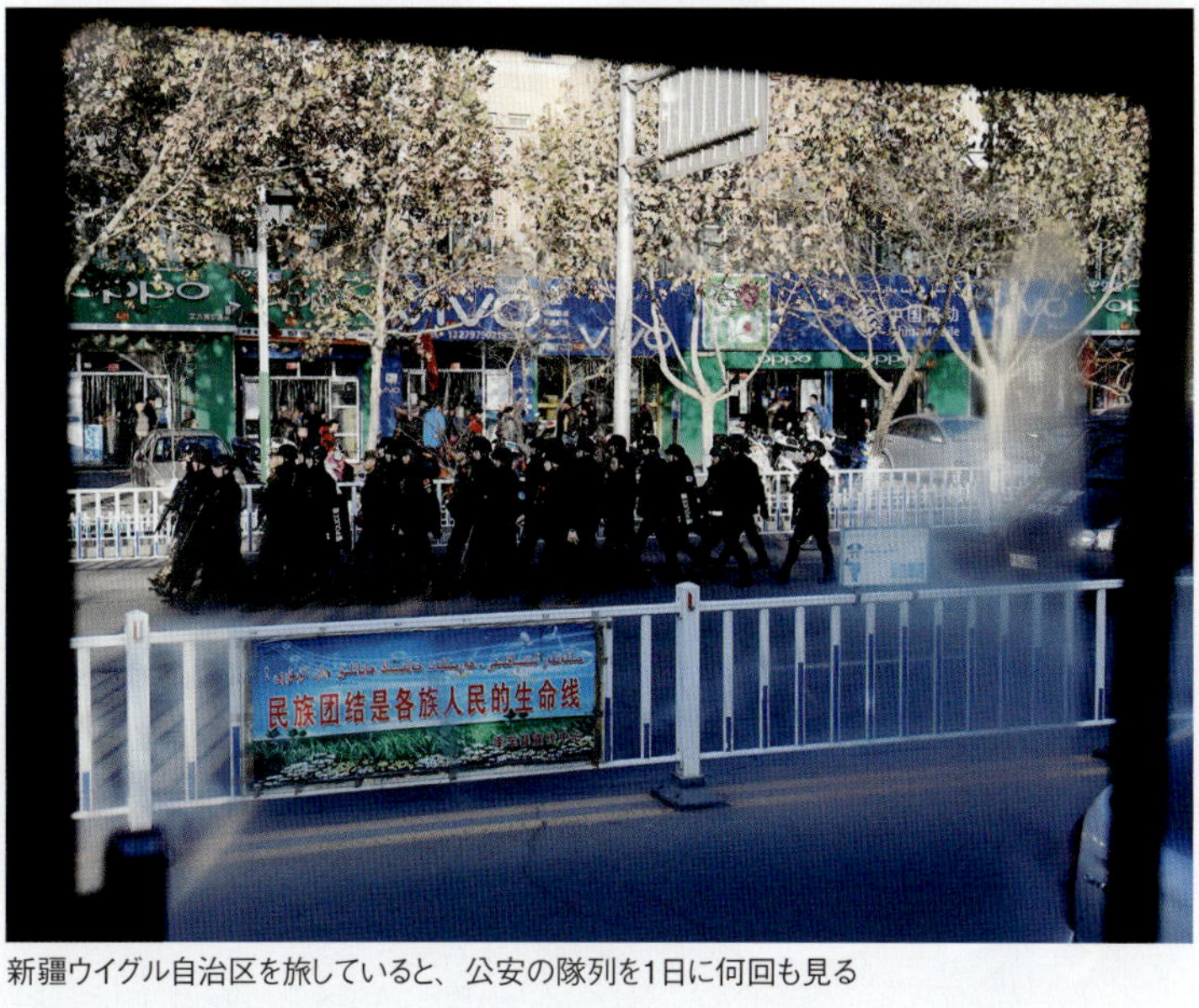

新疆ウイグル自治区を旅していると、公安の隊列を1日に何回も見る

ロシア・ブリヤート共和国を旅する

シャーマンは他言できない神の名を告げた

シベリアのなかにある「アジア」を訪ねて

文・写真 松井綾

ブリヤートの伝統的なシャーマンの佇まい。ロシアのなかに生きるアジアの民だ

シベリア鉄道でロシアを横断する旅を計画し始めたころから、最初の目的地はブリヤート共和国と決めていた。この共和国は、世界最深で最高の透明度を持つバイカル湖くらいしか知られていないが、日本から直線距離が3000キロというこの地こそ、日本人のルーツだと一時話題になったことがある。先住民ブリヤート人のDNA解析や考古遺跡の出土品から、縄文人とのつながりを示唆できるというのだ。一説に過ぎないにしろ、氷河期にマンモスを追って人々が移動した壮大なロマンの原点がある。

それほど日本人に似たブリヤート人は、仏教を信仰する点も共通している。18世紀の女帝たちによって仏教が公認、組織化されて以来、ロシア国内におけるチベット仏教の中心で、共和国の都ウラン・ウデ郊外にそびえるイヴォルギンスキー・ダツァンは、ソ連時代、唯一許可された仏教寺院だ。

宗教史をかじっていた私は、ブリヤート人がチベット仏教とともに信仰するシャーマニズムにも興味があった。シベリアのどこかで本物のシャーマンと会えるのではないか。旅の前からそう予感していた。

夏のウラジオストク。日本から最も近いヨーロッパともいわれている

フェリーに揺られて日本海を越えていく

世の中には、何をしているのかよくわからない住所不定・職業不明の人々がいる。かくいう私もそちら側に半分足を突っ込んでいるので、類は友を呼ぶのかもしれないが、境港からウラジオストクまでのフェリーは、まさにそんな人種のるつぼだった。

韓国東沿岸のドンへを経由することもあり、乗客はロシア人や日本人のほか、韓国人も多い。そもそもシベリアには、クラスにひとりはアレクセイ・キムがいるといわれるほど、韓国系ロシア人が住んでいる。2泊3日の航海中、たまたま話すようになったユーリさんもそうだった。韓国の仏教センターで修行を終え、ウラジオストクから90キロ南東のナホトカに向かうところ。職業を尋ねると、「仏道修行をしています」と曇りのないまっすぐな瞳で返してきたので、そうかと妙に納得してしまった。

修行の一環なのか、仏教の聖地ブッダガヤをはじめ、チベット亡命政府があるダラムサラにも行ったことがあり、私も行ったと告げると見込まれて一緒にナホトカに行こうと誘われた。ナホトカというと、シベリア抑留の引揚げ船の出航地として知られるが、彼のような在家の修行僧が集う仏教コミュニティでもあるのだろうか。煩悩だらけで毛頭修行する気のない私は、シベリア鉄道の乗車まで十分な余裕がないこともあり、誘いを丁重に断った。

もうひとり、北朝鮮が見えないかと甲板に出ていたときに出会ったのがエルデム君。身長180センチを優に超す大柄な若者で、最初は日本人かと思ったのだが、なんと目指すブリヤート共和国のウラン・ウデ出身だ。韓国語とロシア語、英語を駆使してビジネスをしており、韓国でのビジネスミーティングの帰りだった。やたらお金儲けの話をしてくるのと、酒癖が悪いのがたまにきずだった。

ウラジオストクで携帯のSIMカードを買うのを手伝ってくれる親切な面もあるが、同じドミトリーに宿泊し、深夜へべれけに酔っぱらって戻ってくるや、寝ている私にキスをしてくれと言ってきたり、大いびきをかいたりして、翌日彼が知り合いのところへ移っていった後は、ドミトリーの住人一同ほっとした。

結局、ビジネスの詳細は教えてもらえず、シャーマンにも興味がないのか、会ったこともないと軽く流された。とはいえ、ブリヤート共和国と仏教。あとから考えると、この旅のキーワードが早くも船上で出そろった形になる。

シベリア鉄道でウラン・ウデへ

ウラジオストクからウラン・ウデまでは、シベリア鉄道99号で2日と約20時間。長旅で重要なのは食料だ。日本で用意したインスタント食品に加え、地元のスーパーでスナックやインスタントマッシュポテトを追加。リンゴを手に取るも、あまりにも人工的な色ムラで断念する。聞けば、ウラジオストクのリンゴはほぼ中国からの輸入品だという。駅の時計はモスクワ時間の夕方だが、ローカル時間では深夜に近い。定刻通り列車は発車し、ロシア横断の旅が始まった。

私の乗り込んだプラツカールトヌィーと呼ばれる3等寝台の乗客は、実にさまざまだ。親善試合に参加したモスクワの子供スポーツ団。親戚を訪ねていたブリヤート人のご夫妻。列車が駅に停まるたびにホームで煙草を吸い貯めるロシア人のおばちゃん。アルコールが禁止されている車内で添乗員に隠れて、ウォッカを回し飲みするマッチョな男たち。出稼ぎ先の木材製作所へ向かう中国人のおじさんグループ。

そんな面々とずっと顔を突き合わせていると、携帯の充電プラグの譲り合いや停車時間の買い出しをきっかけに、自然と距離感も縮まってくる。車内に張り出された時刻表をにらみながら、途中で10分以上の長い停車時間があると、皆、ホームに降りて買い出しへ。だいたいどこからともなく、英語を話せる人が現れて通訳になってくれる。

「(シベリア名物の)ブルーベリーが買えたわよ」

「ちょっと~困ったわ~ヤギのミルクしか売ってないのよ」

「あそこでペリメニ(シベリアの水餃子)

シベリア鉄道では陽気な乗客たちが出迎えてくれる。彼らとともに広大なタイガのなかを旅する

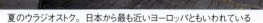

が買えるぞ」

　同じコンパートメントにいたブリヤート人のご夫妻に、エルデム君から聞いた簡単なブリヤート語で話しかけてみた。

「アムタテ（おいしい）」

「バイルラー（ありがとう）」

　発音が難しく、なかなか伝わらない。夫妻はやがて、ひとりで旅行している妙な日本人女性が自分たちの言葉を話しかけようとしていると気がついてにっこり。このご夫妻から、英語を話せる職場の同僚を紹介され、後にウラン・ウデで会うことになる。

冷静に、そしてブリヤートのダンスを踊ろう

　ウラン・ウデをひと言でいうと、旧ソ連圏のありきたりな地方都市だ。オペラハウスなどの瀟洒な建物と無機質な建物が建ち並び、広場には世界最大の頭部としてギネスに登録されているレーニン像。なぜ身体はないのか突っ込まずにはいられないが、同じサイズで身体も作れば、それこそ巨大怪獣と闘う戦闘ヒーローサイズになってしまう。

　訪ねた２０１６年９月は、１６６６年のウラン・ウデ建都から３５０年を迎え、広場では記念行事の直前練習の真っ最中だった。いかついレーニンの前で、ロシア人の先生がロシアとブリヤートの子供たちにロシア語でダンスを指示している。ロシア化するいまのブリヤートを象徴しているように思えた。

ウラン・ウデ郊外にあるリンポチェ・バグシャ寺院。チベット仏教のタルチョのような旗が翻る

　夫妻から紹介され、待ち合わせ場所のおしゃれなカフェに現れたナタリーは、30代前半のちょっとふくよかなブリヤート人女性だった。1年前にスペイン留学から戻ってきたところで、ロシア語のほか英語とスペイン語が堪能だ。両親とはロシア語で会話をし、両親が祖父母世代と会話する時はブリヤート語。ブリヤート語はあまりしゃべれないと残念そうに言いながら、

「ブリヤートとして生きたいの」

と言うナタリー。女性の平均初婚年齢が20代半ばという地域で絶賛婚活中。相手は同胞に限るのだという。

「なかなかいい人がいない」

　とため息をついてはいたが、ブリヤートについて熱く語るその眼差しの美しさに気がつく人は、遅かれ早かれ現れるだろう。

　いま、彼女のように自らのアイデンティティーを再評価するブリヤートの若者が増えてきている。モスクワやサンクトペテルブルクではなく、ウラン・ウデ。オペラでもバレエでもなく、草原の伝統舞踏。ナタリーとともに、そんな若者たちに人気のブリヤート女性シンガー「マリーマリー」のライブへ行った。

　レーニン広場の近くにあるライブ会場は、１００人ほどのブリヤート人で満員御礼。共和国全体の人口の6割を占めるロシア人の姿はほとんどなかった。マリーマリーのハスキーで低いトーンの歌声は、アンニュイな曲やフォークソングにぴったり。ロシア語の歌が続くなか、ブリヤート語の歌になると、若者から拍手喝采が起きた。

　ライブの休憩時間に、同じ建物内にオープンしたばかりのショップ「ＺＡＭ」を物色する。地元若手デザイナーによるチベット仏教のデザインを取り入れたノートやトートバッグ、おしゃれな外装のはちみつ、伝統衣装をアレンジしたファッションなど、東京の南青山あたりにあってもおかしくない、洗練されたアイテムが並ぶ。シンプルなTシャツには「KEEP CALM and DANCE YOKHOR（冷静に、そして伝統ダンスを踊ろう）」というメッセージが。ナタリーのように穏やかな外見と合わせて内なる情熱を秘める人々を言いえて妙だった。これぞ、まさにクール・ブリヤート。

果てのない草原は騎馬民族の故郷

　ロシア風の街で、ブリヤートのシャーマンを探していた私は半ばあきらめていた。ナタリーもその周りの友人たちも、ゲストハウスのスタッフも会ったことはないと言う。ウラン・ウデにシャーマンはいない。ならば、バイカル湖を船で横断し、シャーマニズムの聖地オリホン島を目指そう。しかし時は8月末。定期船はすでに運航を休止し、シベリアの短い夏は終わりを迎えていた。

ウラン・ウデのレーニン広場にはレーニンの巨大な顔面が
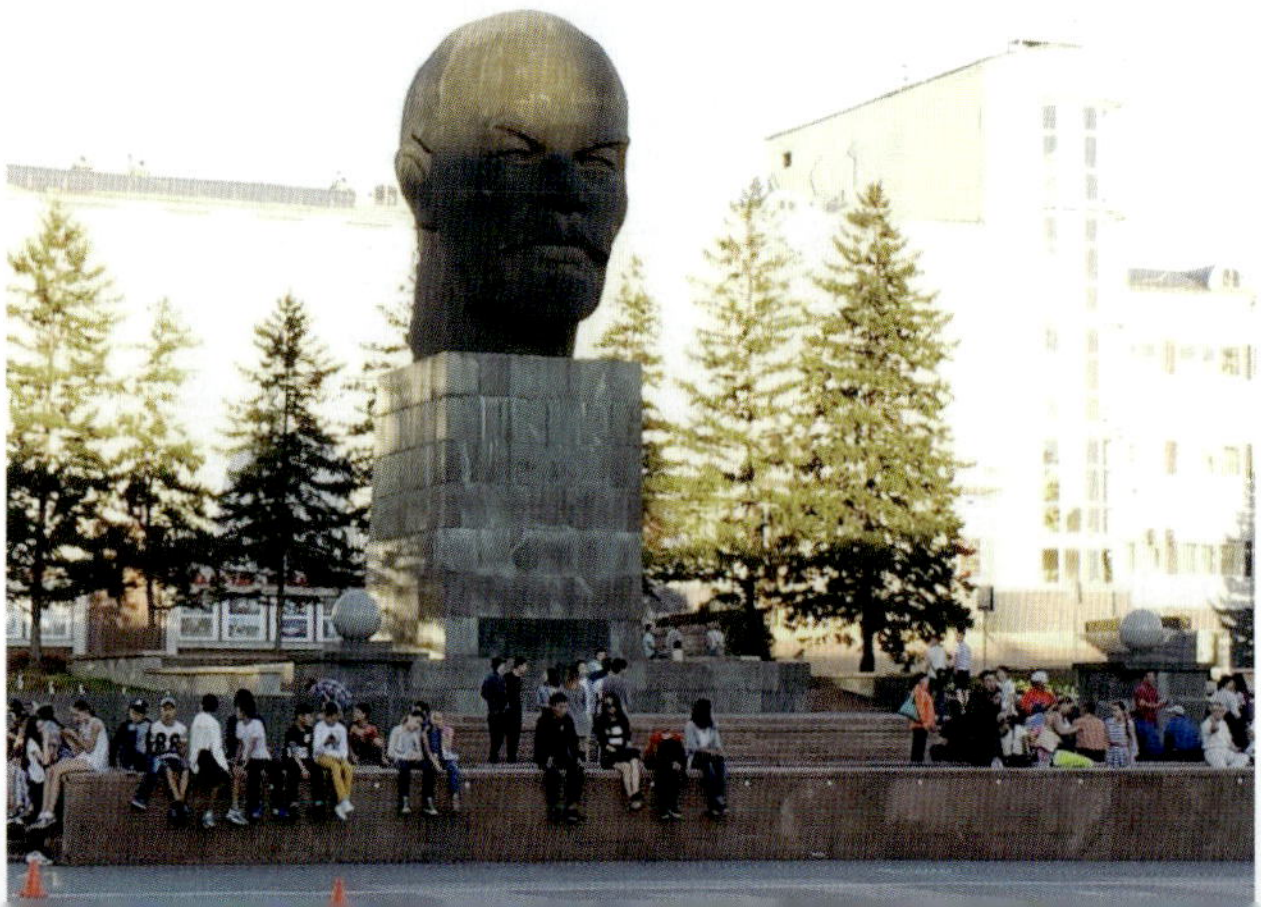

ウラン・ウデ郊外にあるイヴォルギンスキー・ダツァン寺院。ロシアとは思えない佇まいだ

もの足りない気持ちでいたところ、滞在先のゲストハウスで、郊外にあるユニークな村のことを知る。「セメイスキ」と呼ばれるロシア正教古儀式派の人々が昔ながらの信仰と暮らしを維持し、その合唱はユネスコの無形遺産に登録されているという。大好物のユネスコ世界遺産。なによりセメイスキの英語名、Old Believersという響きが格好良い。バイカル湖の前にちょっと寄り道することにした。

現地で申し込んだ半日ツアーの待ち合わせは午後3時と遅め。そこから車でツアーガイドのエレナさん、同行者のスイス人ご夫妻とともに村へ向かう。郊外にはソ連時代に作られた空港と、夥しい数の画一的なダーチャという別荘が並んでいた。空が曇っていることもあり、一時代前の空気感があたりに漂う。

30分ほど乗車し、セレンゲ川沿いの丘で途中休憩を取ることになった。丘一帯の木々には、色とりどりの祈りの布が幾重にも巻きつけられている。それを横目に登れば、美しい平原をゆったりと流れる川が一望できた。この河畔一帯が、チンギス・ハンにゆかりあるメルキト族の本拠で、若き日の青き狼が駆け回ったモンゴル帝国揺籃の地だ。そういえば、中国の歴代皇帝に万里の長城を築かせた騎馬遊牧民・匈奴の本拠もこのあたり。この草原は、東へ西へ、果てしなく繋がっていくのである。

セメイスキとは、「家族のように生きる人々」

やがて舗装もままならない凸凹道へ入り、家畜の群れをまきながら進むこと、もう30分。セメイスキの村が現れた。17世紀のロシア正教の宗教改革に反対した人々は、異端視されロシア各地で迫害を受けながら、ロシアを横断する流浪の旅を続けた。子供をひとり、またひとりと失うような過酷な日々の末、たどり着いたのは、地図上では草原の中の一本道の行き止まりで、僻地中の僻地だ。

質素な暮らしを想像していた私は、家々の門の美しさに驚いた。華麗で繊細な彫刻が施され、さながら安住の住処を得た人々の魂が込められた芸術作品だ。

村の小さな教会に入る時は、髪を隠し、巻きスカートをまとった。十字架は正確には十字ではなく、先端が8か所ある八端十字架で、ロシア正教でも用いられるものだ。長い髭の神父は、アンティークを集めるちょっと変わり者と噂される人物だった。教会の向かいにある小さな博物館には、人形や乳母車、暖炉用のふいご、糸を紡ぐ機械などの日用品が所狭しと飾られていた。

2世代前、第一次大戦の余波を受け、男手がなくなった村では、草刈りや馬の世話、バター作りなど、重労働にも女性や子供が携わっていた。村の女性が、「だから私のおばあちゃんは、マシンのように子供を作ったの」と、冗談まじりに言える時代になって、心から安堵した。

すっかり暗くなったころに、一軒の家に招かれた。中年の男性ひとりと女性ふたりが歌と音楽でお出迎え。手作りの夕食をご馳走になった。基本的に自給自足で、パンは酵母から手作りし、バターもジャムも、肉もすべて村で賄っている。どれも素朴な家庭の味で、冷え込み始めた夜にあったかいスープが身にしみた。

そこに登場したのが恐るべき自家製ウォッカだ。アルコール度数は未知数。ぐいっとあおってあっという間にいい気分になったところで、唐突に民族衣装の試着が始まる。どれだけ冬は寒いのか懸念するほどスカートを何枚も履き、ずっしりとした琥珀のネックレスと帽子を身に着ける。移動する民は、財産の宝飾品を始終身につけるものだが、流浪のセメイスキも同じ。バルト海沿岸が産地の大粒の琥珀が連なるネックレスの重みが、ずっしりと肩に載った。

ここで記念写真でも撮るのだろうとふんでいたが、始まったのは結婚式の再現ドラマだった。私は花嫁役で、新郎役のスイス人男性とその母が結婚の挨拶にやってくる。私の母役のマーサ・ママは貢物が足りないと不満だ。

「もっとキノコと木の実をこのかごに入れないと娘はやらないよ。これしか出せないのかい。ケチだね。大事な娘を嫁がせるなんて先が思いやられるよ」

とでも告げたのだろう。ようやくかごがいっぱいになりお許しが出ると、晴れてめでたい結婚式だ。アコーディオンの伴奏に合わせてみんなで歌えや踊れ。自家製ウォッカも足運びも、すごい勢いでぐるぐる回る。ひと息つくと、控室に新郎とともに呼ばれ、ポンと渡されたのは赤ちゃんの人形。今度は誕生を祝う歌が始まるという、激動の寸劇だ。

無形遺産の合唱は、多い時は8から10のパートに分かれるそうだが、3人でも全員が歌姫レベルの歌唱力で、美しいハーモニーと哀愁を帯びた旋律に、目頭が自然と熱くなる。貧困を嘆く歌、女性のささやかな幸せをかみしめる歌。娯楽のない何百年もの間、「歌こそ人生」を体現する圧倒的な合唱で日々の暮らしを彩り、世代から世代へと受け継いできた。

セメイスキの意味は、「家族のように生きる人々」だ。その村で結婚し子供を得た私は、酔っ払っていたこともあり、すっかり家族の一員になったような感覚だった。最後に満点の星空の下で、マーサ・ママと、「本当に結婚するときは私に知らせなさいよ」と約束した。

ついに出会えたシャーマン

　翌日、二日酔いのなか、エレナさんから手伝ってほしいことがあると呼び出される。ツアーで使っているホンダ車の調子が悪く、替えたい部品のパーツがシベリアにはない。そこで私に、やたら重い金属製のホイールを日本に持っていって、新しい部分を送ってくれ、というのだ。日本の中古車だらけのウラジオストクに問い合わせれば、すぐにでもわかりそうなものだが、バックパッカーに数キロの余計な荷物はつらい。断るついでにエレナさんにシャーマンについて聞いてみる。

「もし会いたいなら、シャーマンを呼んで儀式を見学できます。手配しましょうか」

　観光客向けの儀式ではあまり意味がないように思え、それは辞退することにした。やはりオリホン島へ行かなければならないのか。

　次の街へ移動しようと思っているころ、ゲストハウスに気になる人物がいた。セルゲイというロシア風の名前のブリヤート人男性で、年のころは30代半ば。夜な夜な共有スペースのキッチン兼食堂に居座り、スーパーで買ってきたホールケーキを広げてスタッフと平らげていた。近くを通ると、スプーンを差し出して一緒に食べようとロシア語で話しかけてくれる。その驚くべき甘党っぷりゆえ、強い印象を残していた。

　彼がホール食いするケーキは、激甘なバタークリームたっぷりで、ひと切れでも食べきるのがつらい。これまでに出会った同じくらい極度の甘党たちは、皆、チベット仏教のお坊さんだった。甘党かつその独特のたたずまいから、もしかしたら還俗したお坊さんなのかもしれないとふんでいた。どんな話題になっても、最終的に彼が穏やかに話をこうまとめるのだ。

「一番大切なものは、世界の、あなた自身の調和です。ハーモニーです」

「祖先を大切にしましょう」

歌こそ人生。さまざまな節目に人々は歌い、踊り、祝福する

　セルゲイの重鎮感にはただならぬものがあり、スタッフになじんでいることもあって、オーナーなのかと思ったが、翌朝、ドミトリールームから出てくる姿をみて、ゲストのひとりだと知り驚いた。シンプルなシャツとパンツに、黒い小さな肩かけカバンを持って、街へ出ていくと、夜にはまたケーキを下げて戻ってくる。何者なのか疑問のまま、何日目かの夜、彼は唐突にこういった。

「私はシャーマンなのです」

　思わず息をのむ。だが、突然のカミングアウトに驚いたのは私だけで、宿のオーナーで英語の通訳をしてくれていたデニスさんは、「あ、そうなんだ」とあっさり流す。宗教家っぽさは節々ににじみ出ていたので、たしかに違和感はあまりなかったが、こんなゲストハウスの片隅でホールケーキをバカ食いしている人がよもやシャーマンとは思えない。俄然興味が出た私は、彼に話を聞くことにした。

　セルゲイ、と呼び捨てにしていいものか躊躇するが、彼はおそらく本物のシャーマンだ。精悍な顔立ちとは裏腹に、甘いものの食べすぎのせいかお腹はちょっと出てきている。でも、そのジェスチャーや言葉の発し方にまるで無駄がない。武道の達人のように隙がないのだ。この場所でこの時に喋るべくして喋り、手を動かすべくして動かすのだ、とでも言わんばかりの空気感。

　ふとセルゲイは、小さな肩かけカバンからおもむろに数珠を取り出した。宙を見つめたかと思うと、数珠のひと玉ひと玉を指で動かしながら、ぶつぶつと何かを唱えている。会話中にトリップしてしまうのも、ごくごく当然のことのように思えた。念仏を終えた彼は、「許しを得た」と言い、私にブリヤートのシャーマニズムを語り始めたのだった。

　ブリヤートの神々の世界にはヒエラルキーがある。仏陀もモハメッドもキリストもすべてそのピラミッドの中盤に含まれている。頂点に君臨する全知全能の神こそが「マネサガンガルバウ」だ。そして、各々の階層の神「ダルハン」と交信するのが、「ボウ」と呼ばれるシャーマンたち。「第77位のダルハンは……」などと細かい話を聞いていたが、私のような凡人はついていくのに精一杯で、少し酔っ払ったような気分を紛らわせるため質問した。

「シャーマンは病気も治せるですか?」

ブリヤートのシャーマンが使うというさまざまなアイテム

「ハーブなどの自然療法を処方します。末期癌の患者さんも私のもとに来ます」

「シャーマンは透視能力があるのですか?」

「以前は20キロ先の馬の音が聞こえ、どういう人が来るのか察することができました」

「以前と言うのはどういう意味ですか?」

「私はいま、『ボウ』ではないのです。さらに上の、ダルハンになるために修行をしています。セルゲイというのも私の本当の名前ではありません」

　ゆくゆく、仏陀やキリストなどの開祖たちと肩を並べることになるかもしれない人物が目の前にいる。ここまで聞くと、なんだか新興宗教でも起こそうとしているようにも取れるが、彼のピュアな眼差しを前にして、そんな考えを持った自分が恥ずかしくもなる。ふと、セルゲイは私の背後を見て、

「黒い甲冑を着た祖先があなたを守っています。とても強い存在です」

　と言う。我が家はたしかに大昔は武士だった。家紋入りのネックレスをお守りにしている。そういうと、「とてもいいことです。あなたは守られています」と目尻を緩め、こう付け加えた。

「あなたは何かを書いたほうがいい。祖先もそれを望んでいる」

「私と会ったことをあなたは書いていい。私には神の意図がわからないが、マネサガンガルバウはあなたにシャーマニズムについて語りなさい、と命じています。これがどういうことになるのか、私には本当の意味はまだわかりません。どういうことなのでしょう」

　元シャーマンにすらわからないことが、私にわかるはずもない。シャーマニズムの神髄を私ごときが聞いてよかったのか、狐につままれたような気持ちのまま、「祖先を大事にしなさい。調和を常に意識しなさい」という彼のメッセージを心に刻み、会合は解散となった。

いま、海と暗闇を司る神が非常に怒っています

　が、話はここで終わらない。それから1時間ほどたった深夜、共有リビングにいると、真っ暗なドミトリーの部屋からセルゲイが慌てて出てきて、まっすぐに私のところへ。真剣な表情で何事かをロシア語で語りかけてくるのだが、私はポカンとするばかり。伝わっていないと解するとスタッフを呼びに行き、通訳されたのは下記の言葉だった。

「いま、海と暗闇を司る神が非常に怒っています。私がその神の名前をあなたに教えなかったからです。だから、いまから神の名前をあなたに告げます」

　神様を怒らせてしまった彼の顔は真剣そのものだ。私も思わず緊張する。

「ダライ・エルゼン・ダルジャル・ハン・ナヨン・アハイ」

　ダライはダライ・ラマ法王と同じチベット系の言葉だろうか。もはやちょっとした呪文で、覚えるのに必死だ。セルゲイも本名を隠しているように、名前を知らせることは、とても特別なことのようだ。私に神の名を告げ、ほっとした表情でセルゲイは戻っていった。残された私は、ブリヤードのシャーマニズムの奥義に触れたような気がして、神様の名前とこの話は他言してはいけない、と心に決めた。

　とはいえ、浅はかな人間の記憶は薄れるもの。それから3か月ほど経って、日本に帰った私は、友人にこの不思議な体験を初めて語った。すると翌日、あのウラン・ウデの宿の主人デニスからメールが一通。

「セルゲイがあなたのことを気にしていました。万事順調ですか?」

　それまで、いっさい連絡などなかったのだが、このタイミングで送られてくるとは恐れ入った。神様はどこかで名前を知っている私を見ている。今後はシャーマニズムについて話すときは、神々に伺いを立てなくては、と襟を正したのだっ

【まつい・あや】1981年生まれ。遺跡フリークのフリーライター。学生時代に考古学を専攻し、アイルランドとトルコの発掘に参加。日本の歴史雑誌、ベトナムの現地情報誌の編集職を経て、現在はラオス在住。人類の遺産、とりわけ荒野の都市遺跡、後期青銅器時代、伝統文化が大の好物で、これまでシルクロード沿いを中心に約70の遺跡を探訪する。

貧困層は働くべきだ

文 内田克也

PAD（市民民主連合＝黄色派）のデモ。黄色と赤の政治的対立は、中間層と庶民層の価値観の対立でもある

前回、タイ社会の変化とそれに伴う騒乱を取り上げ、一連の変化を領導してきた社会層として、バンコク中間層の台頭を指摘した。

彼らが目指している社会の方向はひと言で括ると「近代化されたタイ、きれいなバンコク」ということのように思われる。また彼らの発言は、「自分たちが民主化の担い手」と自己規定している面があることも浮き彫りになってきた。

中間層は庶民層とは違い、高等教育を受けた知識層でもある。自分たちが現在置かれている社会や育ってきた環境を越えて、広く深い知識と視野を獲得している。それにより理性的な判断ができる存在であるという、いわばドイツの社会学者・マンハイム的な「自由に浮動するインテリゲンチャ」でもある、という自意識がある。これは自分たちの見栄や取り繕いなどではなく、ある程度本心からそう考えられ発言されていることからすると、軍事政権下のタイ社会を認めている現状を考えると奇妙なことに映る。

そこで、タイのバンコクで中間層に聞き取りインタビューを行い、社会的影響力のある彼らの意識を探ることにした。タイ社会を見る上で、政治的動きや制度、法律といったことに注目するよりは、現代では政治の意味が拡がり、彼らのライフスタ

タイ中間層インタビュー 全質問と回答

（1）親世代と比べて

ご両親の出身地域や職業、あなたはお父さんより裕福ですか？ご両親の学歴は？ 英語を話しますか？ また、親の支持政党は？ 宗教はあなたとご両親とどちらが熱心ですか？

A・父親は軍人だったので、外国語は話さない、自分のほうが裕福。

B・父親はサムットプラカーン県出身で中国人。トゥクトゥクの経営者。英語は話さない。自分のほうが裕福。

C・もともと父親はバンコクでバイクの修理をしていた。英語は話さない。もちろん自分のほうが裕福。

D・父親は農業をしている。両親のほうが宗教に熱心で、支持政党は民主党。

E・父親はナコンシータマラート県出身で、農業をしている。学歴は小学校卒で英語は不可。親は特別な支持政党はない。父親のほうが宗教に熱心。しかし年を取ったから熱心になるのだろう、と思っている。自分のほうがもちろん裕福である。

F・親は中華街出身で、明確な民主党支持。裕福さは親と同じくらい。

G・父親はウドンターニー県で行商をしていた。裕福さは同じくらいだが、断然いまの自分の生活のほうが良い。

H・父親もバンコクで運転手をしていた。英語は話さない。断然自分のほうが裕福。

（2）仕事の場面における態度

仕事をする上では、いつも計画を立てて行動しますか？ それとも衝動的ですか？ また、納期など時計を気にして、時間を守りますか？ その結果ふだんから緊張感がありますか？ また、セールス・営業の場面、市場の変化について、どのような心構えでいるべきだと思いますか？ さまざまな顧客に対してどのように対応しますか？

A・納期は必ず守る。お客様は神様。よくお話を聞き、新しい提案をする。

B・大きな企業人として当然の態度。

C・常に計画を立てて行動する。当然のこと。来客層や国によ

洗脳されたも

徹底インタビュー

タイの中間層はいま、なにを思っているのか

バンコク都心部を走るBTS（高架鉄道）。タイの地方とはまったく違うライフスタイルがバンコクにはある

イルや社会意識、日常生活そのもののなかに、政治的判断、思想が隠されていると考えたからである。

中間層のプロフィール

インタビューに応じてくれたのは以下の8人である。

普段の旅行では決して出会うことのないようなタイ人である。彼らはスーツ姿で整った顔立ちの人が多く、やり手ビジネスマン風の人もいれば、品のある色白の人も多かった。なにより彼らからは余裕と自信が感じられた。人生が順調なのだ、ということころから来るものだろう。インタビューした私自身の貧困や、生活レベルの低さをその態度で改めて思い知らされるようだった。タイにもこのような人種がいることを、言葉ではなく、実際に目にしたことは衝撃的であった。

A：57歳男性。ガラスを使ったオーダーメイドの窓、ドアの設営会社経営。家族構成は妻と子、バンコク出身。大学では修士号を取得。軍隊にいたこともあり武骨な印象。

B：70歳男性。バンコクで車の部品工場経営だが、いまは相談役に退く。子供2人。バンコク出身、中国語学

って、味つけを変えて出すこともある。

D・納期、時間などは必ず守る。その結果とても緊張感がある。

E・仕事は短いスパンの計画と、長期計画を立てて行動する。仕事上は突発に起きる事柄も多く、顧客に迷惑をかけないように、すぐに対応する。納期に関しては約束を守ることは最低限のビジネスマナーである。お客が不満な製品、サービスなどは即対応、アフターフォローも行なう。

F・YES。どんな渋滞があっても守らなければならない。

G・1か月くらいの短期計画のほか、1年計画と2年計画を立てる。各省庁に顔を出す、タイ国内ではコメディーが人気なので、これを配給する。

H・YES。他県、他国から大量の買い出しに来る客もいるので、要望に対応する。生鮮品、季節品の入荷にも対応する。顧客対応がきちんとできるように。

同僚や部下について、役に立つ人、立たない人をどういう基準で評価しますか？　また、どちらのタイプを評価しますか？　❶正直、親切、誠実な人　❷快活、攻撃的・野心的で売り込みがうまく、ツテになる人をたくさん持っている人。ビジネスの場面以外ではどうですか？

A・説明会を行う際、説明が上手な人。正直な人が良く、攻撃的なのは悪い。

B・❶が良い。仕事ができなくてもすぐにはクビにしない。❷の野心的な人は損になる可能性がある。役に立たなくてもチャンスは与える。

C・❶が良い。ほかの人に伝わってくるものだ。しかし、役に立たない人はすぐクビにする。やる気がない、ということだ。

D・❶が良い。できなくても次回チャンスを与える。

E・役に立つ人間には難しい課題をチャレンジさせる。役に立たない人間にも彼らでもできる仕事と、チャンスとを与える。営業マンとしては❷。管理、人事では❶。正直、親切、誠実な人を評価する。

F・❶と❷は両方必要で、ポジションで分けるべき。

H・責任を持って果たしているか、きちんとやっているか。2を評価する。やる気のある人がいい。

富・所得は尊敬の基盤のひとつです。道徳的に正しくなくても利益を上げる人を評価しますか？

E・NO。利益のみで評価をするのは、評価をする人も悪いと思う。タイは外側だけを見る人が多い。

H・YES。利益を上げる人を評価する。

仕事をするにあたり、役に立つ部分、部門、性格もあれば、市場に評価されない部分もあります。流行の変化や顧客の声に対して、全面的に追従するべきですか？　それが親世代からの伝

校卒。高齢な華人で時間に余裕があるようだった。

C：55歳男性。中華料理店（フカヒレ）副社長。独身。バンコクのハイソ地区トンロー居住。チュラロンコン大学卒。アメリカ留学後、銀行勤務経験あり。高級中華料理店経営だが、経歴のせいか、がつがつせずややおとなしめの印象。太っている。

D：45歳女性。アパート経営および家族の工場手伝い。地主。ランシット大学看護学部卒、ラムカムヘン大学マーケティング修士。細みのタイ人。背が高く控えめな印象。

E：48歳男性。バンコクのビジネス街シーロムにある日系の自動車部品製造会社管理職。妻のみ子供なし。北海道大学大学院修了、修士。パヤタイ在住。日本語で会話可。タニヤ通りあたりで見る日本人より、さらに日本人らしいくらい。時間を節約するため、事前に質問に対し回答書とそのコピーを配布するなど、鋭く迫力のある印象。太め。定年後は農業をやりたい。

F：53歳女性。バンコク都内北郊のスティサンにある看護学校校長。看護師や介護士の養成もする。老人入居施設の理事長でもある。日本にも学生を派遣の実績。独身。バンコク出身、チュランロンコン大学建築学科卒。バンコクの中心街であるスクムビット居住。家系は汕頭出身の潮州系華人。母は中華街出身で民主党の政策を中国語に翻訳したこともあるという。ほかに兄弟が動物病院経営。令嬢がそのまま年齢を重ねた感じで学生を相手にしているためか太らずに若々しく笑顔で応対する好印象の方。どこかタイよりは香港女性を目にしている印象。

G：46歳男性。文化省傘下の映画協会の管理職。子供2人。チュラロンコン大学卒。祖父は中国人で、父はもともとウドンターニー県で行商をしていたとのこと。娘がテコンドーとヴァイオリンを習っていて、活躍するのが嬉しい。やや堅い印象。

H：59歳男性。スクムビットの日系スーパーの店長。子供2人、バンコク出身。高卒。もともとブルーカラーで社長つきのドライバーだったが、人当りの良さを認められ社内で抜擢、昇進を重ね店長に就任。店内に来ている子供の相手もできるなど、人柄で頭角を現した方で好印象のタイ人。忙しく休み時間に聞き取りをした。太め。

インタビューの詳細は各ページ下段に掲載した。興味のある方はじっくり読んでほしい。ここではインタビュー回答の特徴をまとめ、彼らの志向を探ってみることにする。

実力主義の肯定

回答者のほとんどが、親世代より裕福になったと感じていた。これはタイの経済発展や近代化の恩恵に浴してきた層であることを示している。父親より高学歴であることも傍証となろう。

彼らの仕事面での傾向は、まず「計画を立てる」という志向だろう。短期、長期ともに計画を立て、納期など約束を守り、顧客対応をする。部下に対しては「すぐにクビにする」という回答は少数で、「チャンスを与える」という回答が多かった。

また「正直」という項目を重視する回答者が多かったことも特徴だろうか。これは、タイ社会は宗教の影響度が中国や日本より大きいためと推定する。そのためか野心的な態度を評価したり、すぐクビにするとした回答者は、宗教活動には不熱心である傾向がある。

学歴による視野の差も垣間見られた。そのほかに市場の変化に追随するか否かについては「変化に対応すべき」という回答が多いが、追随には疲労感も見られた。

統、宗教、自分が大切にしているものであっても、利益のためには訂正しますか？　それともそれらを守り、追求するべきですか？

B・50／50にするべき。すぐに変えるべきではない。
C・変えるべき。創業当時の味とは違っている。
E・豊かになると、伝統的なものを守っていくことはなかなか難しい。有利に生き残るために、世情に変えて合わせることも必要。人間は環境によって変わりやすいものだ。
H・変化に対応するべきだが、伝統的なものも残したい。

外国人やエリートビジネスマンについて、ライバルであると同時に自分と似たところがあると思いますか。

A・YES。
B・YES。私と同じく接待漬けになっている人がたくさんいる。
C・NO。ライバルは少ない。
D・YES。似ていると思う。
E・NO。エリートとは社会的位置のことですが、引退したらすべての人間は同じですね。

肉体労働は尊いですか？　それとも苦役で人間を麻痺・堕落させるものですか？

A・尊い。しかし労働者は私たちとは向かう方向が違うため、堕落する人間はいっぱいいる。
B・尊い。すべての人間が堕落するわけではない。
C・尊い。すべての人間が堕落するわけではない。
D・尊い。しかし堕落する人間はかなりいる。レベルが低いので教育されるべきだ。
E・チャンスがない、かわいそうな人たちなので幸せではない。宝くじは夢ですが、積み立てのほうが確実なのに、長いスパンで考えられない人が買う。
F・尊い。タイも高齢化の進行で若い労働者が少ない。教育されるべき。
G・生活を守ることでいっぱいで将来がない、酒を飲んで終わる。
H・良くないもの。NO。

人生は弱肉強食の競争社会ですか？　また優秀さ、実力により評価されるべきですか？

A・YES。可能性のない人間は仕方がない。
B・YES。
C・YES、100%。その優秀さを社会にも貢献するのが望ましい。
D・前半はYES、後半はNO。正直さや道徳面も評価されるべき。E・前半はYES。弱い人間はいつまでも弱い。後

都市部と地方との断絶が、タイ社会では大きな問題になりつつある

全員が煙草を吸わない。「肉体労働者はギャンブル、酒におぼれて向上心がない」という意見が多く、なかには「宝くじを買う人は長いスパンで考えられない人」という明確な回答もあった。おおぜいが弱肉強食、つまり実力主義を肯定している。その裏返しで「庶民層や地方はのんびりしている」という意見が出てきていた。

辛い料理を嫌い、テレビは庶民のもの

日常生活についての分野では、食事面では「辛い味が好み」という回答が多かったが、回答者の年齢が中高年であることと、幼少時に食べたものの好みが持続する傾向があることによるバイアスがあるためと思われる。ナムプリック(※)は野菜を食べる健康的なもの、という回答も多かった。

一般的な辛さはともかく、激辛料理についての回答はほとんどがNO。あまりに辛い料理は中間層には不向きなようだ。社会変化に伴いバンコクはオシャレになり、さまざまな価値観が増え、辛いメニューは減り、若い人も食べなくなったとも。極端なものが好まれなくなっているようである。

ダイエット、コーラ、肥満についての評価も特徴的だ。年齢のバイア

半はNO。優秀さ+実力+人間性も評価されるべき。

F・NO。道徳、チームワークは大切。

G・YES。

H・前半はNO。後半はYES。


庶民層や地方の人たちは、自分たちよりのんびりしていると思いますか?


A〜H・全員がYES。

D・彼らはビジネスが活発でないので借金がないが、将来のことを考えていない。

E・私はお金があるが忙しい、田舎はお金がないがのんびり、それぞれが生活と思っている。

F・お金ではなく「幸せのGDP」は高いのではないかしら。

(3) 日常生活について

毎食時の金額や、甘口や辛口など味の好み、メニューについて。タイ料理とタイ中華料理のどちらが好みですか? ナムプリック、イサーン料理など、民族的料理についての意見。


A・金額は気にしない。幼少の時の好みで辛口、ナムプリックが好み、タイ、タイ中華どちらも食べる。

B・辛口。タイ料理、もち米、ガイヤーンなども好き。

C・タイ料理が好きだが、薄味が良い。

D・タイ人なので酸味のある料理、タイ料理、ナムプリックが好き。

E・予算は150バーツ(約520円)以内。内容はなんでもいいが、若い人の好みが変わってきたため、タイ料理専門店の本格的な味が望ましいと思う。ナムプリックは地方ごとに味が違い、野菜を食べるための健康的な料理だと思うので大好き。

F・金額は考えていないが甘口が好み、中華街出身だから。タイ料理、タイ中華料理どちらも好き。民族的料理については辛さを抑えるべき。

G・職場の近くに屋台があるので、安く済む50バーツ(約170円)のときもある。辛口が好みで、タイ料理のほうが香り高いので好き。ナムプリックは臭いので好みではない。

H・辛口タイ料理が好き、民族的料理も好き。


激辛料理など極端な味についての評価は? 外国料理について試したいですか?


A・日本料理、中華料理が好き。

B・激辛料理は中間層には不向き、日本料理は食べる。

C・激辛料理は中間層には不向き、あれは庶民層が食べるもの。

スを差し引いても、皆常日頃から注意をして節制を続けていた。インタビュー中も実証している回答者もいた。なかには「生き残りたい、死にたくないために節制している」「太っている人は頭が悪い」という発言もあった。中間層以上の階層にとって、コーラや肥満はマイナスそのもの。低階層とは考え方が一致しないことが推定される。タバコも全員が吸わないことも傍証となろう。

忙しさ、英語についての評価、買い物をテーマに、自分の判断力、内省性についての自信を、テレビをテーマに庶民層についての考え方を、質問全体を通じて潜在的なエリート意識を探ってみた。

全員が「親世代より忙しく頑張っている」「英語を話し多少はエリート」と感じている。判断力に自信を持って計画的に買い物にも臨み「テレビは自分たちとは異なるレベルが低い層が長々と見るもの」という意識が垣間見える。

子供の教育についても同様で、全員が勤勉な取り組み方や進学によって、さらなる社会的上昇への移動を

仏教はタイ人の心の拠り所であり生活の基盤だが、それも変化していくのだろうか

玉ねぎやかぼちゃのスープを試しました。

D・辛口は好きだが、激辛は健康には良くないと友達と話している。

E・社会変化に伴い、激辛料理はだんだん消えていく。若い人は食べなくなってきている。バンコクはおしゃれになり、食文化も多様になった。屋台でも辛いメニューは減少している。海外出張では、その国の料理を食べます。

F・辛さを抑えるべき、外国料理はOKです。

H・辛い料理は好きです。


ダイエットや栄養バランス、砂糖の量など、健康に気を使っていますか、節制を心がけていますか？　それともなすがままに飲み食いしていますか？　コーラはもてなしの飲み物ですか？　太っていることについて、裕福の象徴ですか、それとも自己管理ができていないことの象徴ですか？


A・年齢のこともあり、健康を気にしている。コーラについてはNO、太っているのは自己管理ができていない。

B・砂糖を抑えて、夜はあまり食べない。コーラはNO、太っているのは昔は裕福のあかしだったが。

C・もちろん気を付けている。夜は食べないか、せいぜい焼きバナナ、豆腐スープのみ。コーラについてはNO。太っているのは昔は裕福さを示したが、いまは自己管理ができていない以上に、病気、学識がないことを意味する（高級中華料理店経営にも拘らず、本人は夜、炭水化物を取らないことを実践していた）。

D・もちろん節制をして、健康にとても気を使っている。コーラは自分が幼少の頃にはもてなしの飲み物だった。太っているのは自己管理ができていない証拠。

E・もちろん健康に気をつけています。コーヒーに砂糖は入れない、ケーキは食べない。接待が多く、お酒が避けられないのが難。コーラは90年代に流行ったもので、いまはまったく飲まない。サービス業が増えてきて、あまり動かない人が多くなったので、太っているのは自己管理ができていないことの証拠です。

F・もちろん気をつけています。1日分の量を考えて食事をしています。コーラについてはNO。太っているのは自己管理が欠けている証拠。

G・あまりダイエットに熱心ではないが、太っているのは自己管理ができていないことを示す。コーラについては昔はもてなしだったが、今はNO。

H・健康に気を使い、節制している。コーラは昔はYESだったが、今はNO。太っているのは自己管理ができていない象徴（インタビュー中に出されたホットコーヒーも砂糖は入れなかった）。

❶親世代と比べて忙しいですか？　❷英語を話せるとエリートだと思いますか。❸買い物をする際、自分は良いものを選ぶ判

望んでいた。「海外留学や、博士号を取って教授に」という声も聞かれ、今後さらに階層の固定化が進むことが推定される。子供は2人以下で少ないか、夫婦のみの生活、独身者も複数名いる。タイも今後、個人主義の浸透が推定される。

宗教については、全般的には熱心ではない。「まったく宗教には拘わらない」とする回答者もかなりいた。どちらかというとタイ人のほうが「心の再生」という回答などを見るに、宗教が根づいている部分も感じさせるが、華人系になると「寺にお金を払いたくない」「子供に寄付をしたほうが良い」という回答をする人が多い傾向があるようだ。

中間層は世俗化が進み、人の行動の指針となる「大きな物語」としての宗教の規定力は、低下する傾向があるようである。「賢さはさまざまな要素を巧みに操作したり利用したりすることだ」という操作主義的思考が優勢になっていることも回答からわかる。

しかしながら「従業員には対しては正直が大切」という答えが多く、また「肉体労働は尊い」という答えも多かったことから、宗教的な倫理感はタイ人には残っている。このあたりが東南アジアらしい回答であるといえよう。

※ナムプリック……ニンニクや唐辛子、玉ねぎ、カピ（エビや魚などを発酵させた調味料）などをすりつぶしてペースト状にしたもの。

庶民層は洗脳されているという発想

政治的態度に移ってみよう。

屋台の撤去（※）については、ひとりを除いて全員賛成であった。「街をきれいにするべき」「シンガポールのように管理すべき」という意見が共通で、なかには「屋台を運営している人は税金を払っていないので管理して課税すべき」という意見まであった。中間層の意見が軍事政権の政策に影響を与えているように推定される。国民を国が制度で管理することに対して、彼らは違和感をあまりないように見えた。

近代化と資本主義の加速は、伝統的な価値観を陳腐化させていくのかもしれない

入国審査を厳しくすべきか否かについての質問には、それぞれの属する社会的背景により意見が分かれ、明確な傾向は見られなかった。

PAD（黄色派）とUDD（赤色派）のどちらを支持するかについては、ひとりを除いてPADであった。「PADは中間層の意見を代表し、中間層はバンコクが地盤で教育がある」「UDDの支持層は庶民層や田舎者で、教育がないためレベルが低く、背後から操られている」というコメントもあった。前回に取り上げた「百姓と領主」という不平等言説によって洗脳されている庶民層、という中間層の見解を補完するものであろう。

軍事政権が続いていることについては意見が分かれた。留学経験のある人や、外国からの評判を気にする人、UDD支持の人は当然、批判的。

一方で軍事政権を支持する人からは「変化途上の社会であるタイにはまだ治安問題などを解決して、社会の安定を優先させるべき」という保守的な思考が見える。そのため民政に移行しても「タイの政治は庶民層以外の理性的な善人としての中間層が担うべき」「庶民層は金で買収されるので教育が必要」「タイ人は国のための活動ができないので軍事政権や社会主義のような団体行動を取るような規制があったほうが良い」という意見も出た。

断力があると思いますか、それとも衝動買いをしますか？


A・❷については気にしない、❸については衝動買いなどしない。

B・❶YES。❷タイ語、英語、日本語、中国語を話す。

C・❶YES。❷YES。❸必要なものだけを買う。

D・❷YES、❸必要なものだけ買うが、たまに衝動買いをする。

E・❶YES。何倍も忙しい。❷YES。ステータスになる、❸必要なものを、良いものを選んで購入する。普段はあまりショッピングをしない。バーゲンには行くことがある。

F・❶YES、❷YES、❸計画的にセール時に買い物に行く。衝動買いはしない。

G・❶YES、❸YES。

H・❶YES、❷YES、❸YES。


テレビは良く見ますか？ 庶民層はだらだらと何時間もテレビを見ているおかげで頭がぼけてしまっている、という意見にはYES、NOどちらでしょうか。


A・ニュースを見る。YES。

B・ドラマ、ゴルフ番組。YES。

C・ドキュメンタリー。YES。

D・見ない。瞑想する時間に充てる。YES。

E・10年近く見ていない、テレビの時代は終わった。YES。くだらないドラマが好きな人々。

F・見ない。YES。

G・見ない。YES。

H・ニュースのみ見る。YES。


子どもの教育について。❶進学させたいですか？ ❷子どもに職業上の成功をしてもらうため、目標を立て勤勉な取り組み方を身につけてもらいたいですか？


A〜H・全員が両方にYESの回答。コメントとしては、
C・インターナショナルスクールに通わせたい。

E・タイは教育レベルが低下している。マレーシア・シンガポールなどに留学させる。

F・家の仕事もしてほしいが、能力があれば博士号を取らせて教授に。無理ならお店を。

H・アメリカに進学させたい。


宗教について。年中行事も含めて宗教行事には良く参加しますか？ 親世代と比べてどちらが熱心ですか？ また熱心にお参りをしている人を見るとき、どう感じますか。 タンブン（喜捨）をはじめ、熱心に信仰活動をすると、良いことがあると思いますか。

A・自分のほうが宗教に熱心。

中間層が、同じタイ人という連帯感を庶民層に対して感じているか、という質問に関しては「貧困層などには興味がない」「外国中間層と近いような気がする」という回答があった。

※屋台の撤去……現軍事政権が進めている政策のひとつ。バンコクをはじめ路上で営業する屋台を、衛生や景観上の問題があるとし規制。撤去や移動を強制している。屋台業者から苦情が殺到しているほか、欧米のメディアからも「タイらしさが失われる」と懸念されている。この政策の本質は、それまで徴税を逃れてきた屋台を税収面でもしっかり管理することにある、ともいわれる。

貧困層はもっと働くべき

こうした方向の質問で「タイの庶民層は私たち中間層のように、もっとよく働くべきであると思いますか」「貧困層は自業自得と思いますか、それとも彼らを救うべきですか？」「課税を強化して、庶民層に再配分するべきですか？」という質問を並べたところ、多くが「もっと働くべき」という回答だった。自力で頑張っている自分たちと、国に頼り切っている庶民層、という見方が強く、庶民層は教育を通してレベルアップさせ、意識改革させるべき、という見解が回答者の集約的意見であった。タイの近代化の担い手は自分たちであり、庶民層は不十分な現実を構成している主たる要素であり、彼らは啓蒙されるべき、という目線のようである。

そのため、社会問題の大部分は庶民層が引き起こしているのであり、教育、道徳を教えるべき、という考えに傾いている。だが、視野の広い者は社会の変化による要因や政策についての考察も見える。若い大学生ならばラディカルな見解を持つ者が現れたかもしれない。基本的人生観については、あまりに現実的でもあった。

雇われる自己と雇われざる自己

バンコクの中間層のタイ社会における影響力の強まりについて、具体的な施策まで見通すことはできない。しかしインタビューを通して、方向は仄見える気がする。それは彼らの志向性に由来する。伝統的身分制に反対しての世俗化、個人主義と業績主義に賛成する立場＝誰もが能力があり、有用であることを期待する、その有用性は市場により決定される……という中間層一般に見られる方向であろう。

ヨーロッパなどで資本主義が成立した時期、中産階級は次のように主張した。

「諸個人の才能、技能、活動力を高く尊重し、報酬は人々の個人的成果と業績に比して与えられるべきである」と。功利主義である。それは当時の伝統主義や身分制などに反対し、個人主義と業績主義に賛成する立場であった。この功利主義はすべての人々に当てはまる、と考えられた。そしてその有用性は市場による判断の結果により決定される。

この発想がアジアでは「ホワイトカラーで成功する」という論理を生む。ここで重要なものは、他人の意向に気を配っていく、市場の需要に応じていく、という態度である。これにより神や良心という内面的権威が不在でも、社会諸関係を維持していくことができる。

たびたび大規模デモの舞台となる民主記念塔。日本人旅行者の多いカオサン通りから至近

B・たまに参加するくらいです。親もあまり熱心ではありませんでした。良いことはあると思う。

C・熱心ではなく関心もあまりない。良いことはあると思う。

D・良く参加していますが、親のほうが熱心です。お参りをして心の再生をしていることに感心しています。タンブンはYES。

E・まったく参加していない。寺に行ってお金を払いたくない。宗教は心のなかにあるものなので、お寺を助けるのではなく、学校で子供たちを助けるほうが良い。

F・寺にはあまり行かない。両親のほうが熱心（道教）、春節が行事。タンブンはしない。親のない子に寄付をしたいと思っている。

G・父は忙しすぎてあまりできなかった。自分のほうが熱心。有名なお坊さんにタンブンすると良いことがあると思う。

H・親世代と同じくらいやっている。タンブンをしても良いことがあるわけではない。


「賢さ」でイメージするものはどちらですか？
❶哲学など学問に造詣が深く、人生について深い見識のある人。
❷さまざまな要素を巧く操り、他人を上手に利用して、業績を上げられる人。

A・❷。

B・❷。

C・❷。

D・❷。仕事はうまくできないといけない、その後、教育ができると良い。

E・❷。

F・❷です。❶と❷両方あれば良いが、どちらかといえば。

（4）政治的態度

現在の政府は近年、屋台の撤去、トゥクトゥクの電動化、禁煙推進といった政策を取っています。あなたはこれらの政策について賛成ですか、反対ですか。


A・賛成。きれいにするべき。

B・反対。貧乏な人も多いのでかわいそう。

C・賛成。

D・賛成。

E・賛成。この政策で通りから屋台を撤去して、フードコートやシンガポールのホーカーズのように管理すれば税金を徴収できる。タイ人の労働人口2300万人のうち、1000万人しか所得税を払っていない。（※タイ統計局などのデータでは、タイの労働人口は約3830万人）街が汚い。

F・賛成。屋台は汚いのできれいに管理するべき。

G・賛成。

バンコク中心部では撤去が進む屋台も、地方では健在。昔ながらの暮らしがまだまだ残っている

都市中間層は市場の需要に応じていくのだから、売りに出すのは商品ばかりではない。パーソナリティーも売りに出されている。それは「自己自身が他者にいかに評価されるか」により価値が決定される。成功や名声は他者の評価に依存しているため、他人を喜ばせることに夢中になっている。

自分は快活で健全で頼もしく野心的な人物である、さらに家族関係は良好で、同じ立場の人が集まるクラブに属し、ツテになる人をどれだけ知っているか……などである。思考もまた、物事を巧みに操縦できるように、それを把握する機能であると想定されるようになる。自己を市場の要求に合わせることになるのだから、有能であると評価される技能には報酬を与えられ、有用でない、と評価されたパーソナリティや能力の表現を抑圧していくことになる。

これにより市場で生ずる摩擦をおそらく最小限に抑えることができるからである。こうして、雇用される人と雇用されない人がいるのと同じく、雇われる自己と雇われざる自己が存在するようになる。そのなかからひとつの傾向が生まれる。多数から評価され摩擦を避けるためには、すべての場面において過剰なものを避け、無難な態度を取るということである。

H・賛成。

外国人の入国審査を厳しくして、カネのない外国人は排除すべきですか?


A・YES。

B・YES。問題を起こすため。偽造パスポートや、黒人の持ち込む麻薬などだ。

C・NO。アメリカ留学経験があるため、開かれた国であるべきだと思っている。

D・YES。社会不安の原因であるが、安価な労働力として必要になっている。

E・タイ政府は観光産業の収入に頼っているので、入国規制は難しい。


21世紀に入り、黄色派（PAD）と赤色派（UDD）の対立が続いて、バンコクでも騒乱がありました。あなたはどちらを支持しますか。その理由は?


A・商売上の理由から答えるのは難しい。双方融和してほしい。

B・黄色。黄色はバンコクが地盤で教育がある。赤色は背後から操られているんだ。

C・黄色。田舎者や庶民層はレベルが低い。個人的には、留学経験から将来はイギリスのような政治スタイルになるのが良いと思う。

D・黄色。あまり分断するべきではないと思う。

E・どちらかといえば黄色だが、そんなことをやるより、もっと経済活動に力を入れるべきだ。政治活動についてはどちらも支持していない。

F・黄色。中間層がいないと国が前に進まない。赤色は教育がないので、国がコントロールできない。でも黄色のなかにも良くない人もいる。

G・答えられない。

H・赤色。経済政策を実施し、改善をしてくれた実績がある。


タイの軍政が続くことに対して賛成ですか反対ですか? その理由は?


A・賛成。変化途上の社会だから。

B・賛成。

C・反対。古い政治スタイルだから。

D・賛成。治安の改善など国内の問題が残っているから。

E・政治が未成熟なので、軍政は続くと思います。

F・賛成。でも永続には反対。

G・反対。外国から遅れた国と批判されている。

H・反対。


タイが民政に移行した場合、タイ政治はどの層が中心的に担うべきでしょうか。中間層でしょうか?

2018年11月に行なわれる予定の総選挙は、延期される見通しとなった。これに対し反対運動も起こっている

タイにおいて、最近は辛さを抑えた料理が屋台も含めて受け入れられるようになってきた。これはタイ人が忙しくなってきて、すぐ食べられる料理が好まれるようになってきたため、と指摘されている。しかしそのほかに、中間層の存在感が高まり、また昔より豊かになった時代に育ってきた世代が増えてきたことにより、彼らの好みに応じた料理を出す店が増えてきたのではないかと思っている。

どの国でも、太っている人の多さや砂糖の使用量や辛さの度合いは、地域の特色はあれ階級に反比例するようである。庶民層はもともと民族的な、しばしば香辛料の効いた料理を「私たち」として好んできた。しかし中間層は肉体労働をせず、また他者からの評価を恐れ、誰からも受け入れられるようにとの習慣から、庶民層よりは特色のない、辛さを抑えた料理を好むようになる傾向があるようである。田舎料理は進歩的な私たちにはふさわしくない、もっと無難で豊かさも感じられ、ついでに健康にも留意、という考えから「タイ中華」というジャンルの料理が出てきているように思われる。

中間層ライフスタイルの顕著な特徴は「満足を先に延ばすパターン」＝進歩時間論の中で生きていることであろう。これは長期の目標を達成す

A・タイが発展するためには中間層が良い。

B・中間層が担うべき。

C・中間層が担うべき。

D・富裕層と中間層が担うべき。

E・タイは民政になっても必ず軍事政権になる。

H・中間層が良い。


タイの将来について、1人1票の平等な選挙権ではなく、中間層を中心とした理性的な善人たちによる統治のほうが望ましい、と意見についてどう思いますか?


C・庶民層は金で買収されるため、教育を施していかなければならないので一考できる。

D・この意見に賛成。

E・タイ人は自由すぎるので、国のための活動はできない。軍事政権や社会主義の団体主義が良いと思います。

H・1人1票が良い。


中間層である自分たちは、地方やバンコクの庶民層と同じタイ人という連帯感、あるいは心に一致するものを感じていますか?　それとも別の人たちと思いますか?　また、高等教育を受けたタイ中間層は、外国の中間層とタイ庶民層と、どちらに近い生活感覚を持っていると思いますか?


B・庶民層と同じという連帯感はあります。富裕層こそが私たちと違う。

C・まったく感じない。レベルが違う。貧困層などには興味がない。

E・私は庶民層と同じと思っているが、向こうから見ると違うかもしれません。実際、外国の中間層と生活感覚が近いような自覚がある。


タイの庶民層は、中間層のようにもっとよく働くべきである、と思いますか?


A・働くべき。

B・庶民層はのんびりしている。

C・その通り。もっとがんばるべきである。

E・タイの中間層はタイ政治を信用していないから、自力で生計を立てて経済活動をしている。庶民層は農業などが良い例だが、国に頼りきり、助けてくれるまで待っている。

G・その通り、もっと努力すべき。

H・その通り。


貧困層に対して、自業自得と思いますか?　それとも彼らを救って暮らしやすくするべきだと思いますか?　政府により課税が強化されて、タイ庶民層に富が再配分されるべき、という意見については?

るために、目前の満足を延期する習慣のあることである。中間層の価値は、最終的な職業上の成功と地位の昇進を願って、結婚の延期、長期の教育、勤勉な取り組み方を促進する。

長期目標のために現在を犠牲にすることは、庶民層の間ではあまり見られず、なすがままに過ごすといった傾向がある。中間層の家族は子供に上昇への移動ができるように準備をするし、学校も成績を良くするように励まし、専門職に就くことを勧める。警察は庶民層のほうをよりぞんざいに扱い、厳格に処罰するし、法律は社会の上層と中層の利益を守るために書かれているのが常である。

経済は何が良い生き方かを提示しない

しかし中間層にとって、進歩時間論の採用はあらゆる種類の非合理的衝動の管理を強いられることを意味する。その結果は相当の緊張であろう。現在のバンコクでは、中間層は社会全体に貢献するのではなく、自分たちの階層のなかだけで閉じこもり、ほかのタイ人と同じ運命を持っているという自覚が次第に少なくなってきているようである。そのうち、先進国で起きている、尊敬されるだけでなく他人に羨望を抱かせたいという欲望＝ナルシシズムが発生するのではないか、と危惧するのである。

バンコク中間層は自分たちを、タイの近代化と民主化の担い手と自己規定している。高等教育を受けた知識層であるからだ。中間層は自らの省察力に対する誇りを持っており、自らが取るべき途を決定するその能力に自信を持っていると思われる。それは近代化・世俗化にも合致する、自律性を称賛する態度となって表れている。

経済発展、近代化が進む東南アジアでは、程度の多少はあれ、世俗化が進み、個人主義的価値観の浸透、宗教の人々に対する影響力の低下が推測される。それは庶民層より中間層のほうがより大きいと思われる。そうなると、従来の宗教を中心とした集団が共有し、人々を統合して行動を導くような「大きな物語」としての信仰システムの力が低下し、代わりに経済的合理性を信じる、ことが提示されていくことが推定される。

しかし、それは識者がすでに指摘しているところだが「経済は何が良い生き方かを提示しない、だから限界がある」ということであろう。人は意味を求める、というところが動物とは異なると私は思う。苦難に直面したときに、それを説明し希望が提示されることが必要だ。そのような説明がなく、また、近代化で個人化が進み、人々を守る社会的つながりとしての第一次集団などが希薄になってくるとすると、近代化デビューとしての東南アジア人は、自分を守る鎧がなにもないことになる。順調に生活が営まれているうちは良いが、いったん困難が発生すると、社会的苦難を乗り越える精神的盾がないため、犯罪や過激な社会運動が発生する素地が作られていく懸念もあろうかと思う。

アジアにおける経済発展、高等教育の普及は、その社会の分断、また共同体的信仰の喪失、という代償を払わなければならないかもしれない。またその結果、近代化されたアジアは、バックパッカーが従来アジアにヒントを求めてきた「意識の脱近代化」を示さなくなってしまうかもしれない。

しかし、東南アジアの人々が「先進国」と同じ発展方向が必ずしも良いと考えていないのならば、希望があると言えよう。人間の重要さを銀行の預金残高で判断するのではなく、人生で最良の物はお金には換えられない、というアジアの流儀を、タイはどれだけ守り続けることができるかにかかっている。

【うちだ・かつや】現在日本で会社員。旅に出るとどこかで聞いた「自らの立場をどこかに置き忘れてものを言う、ことほど欺瞞的なことはない」という言葉が思い出されるのが不思議です。


A・安定した仕事を与えて助けるべきだが、課税強化には反対。富裕層に課税をするべきだ。

B・YES。貧困層のレベルアップのためにお金持ちが払うべき。

C・YES。

D・社会の混乱を減らすため、彼らを助けるべき。

E・国から貧困層に対してはさまざまな施策があるが、良い暮らしを得ることは不可能。彼らは誰かが助けてくれると思って、ずっと待っている。自分自身の失敗は他人のせいにする。自分でやる、という意識改革が必要。

F・救うべきなので課税も賛成だが、彼らには教育が必要である。

G・両親の態度次第で子どもは変わる。親がこのままで良いと教えるか、これではいけないと教えるかだ。子どもたちのためなら、課税されても良い。

H・自業自得だと思う。課税されると経済が停滞するので、反対。


タイの社会問題の大部分は、非道徳的で精神の歪んだ庶民の人々によるものであり、彼らは啓蒙されるべきであると思いますか。


A・その通り。

C・その通り。責任感、従うこと、約束を守ること、教育や道徳を教えるべき。

D・その通り。国の機関によって啓蒙されるべきだ。

E・タイ社会は80年代に農業社会から工業社会に変化し、経済成長で生活が豊かになったが、その影で生きることのすべてがお金で解決できる社会になった。仏様よりお金が尊敬されている。農業社会の場合は人と人がつながり、お互いに助け合う社会だった。

F・仕事を持っていないと、教育してもまた悪いことをする。社会政策の実施と地方の再開発をするべき。

G・金持ちの子どもからも犯罪者が出ている。親の教育が大切。

H・その通り。環境の問題だから政府の政策が必要。


あなたはどちらの意見に賛成ですか？ ❶人生で最良のものは、お金で買うことはできない ❷良い人生をつかむためには社会的出世、蓄財、勉強、トレーニングやダイエットに励むべき

A・❷。蓄財が大切。お金で買えないのは健康かな。

B・❷。社会的出世が大切。

C・❷。社会的出世がいちばん大切。

D・❷。蓄財が大切。これがあって教育が可能。

E・❷。お金で買えないものは健康ですね。

F・❶。モラルが大切。明日後悔しないために、良い人生にするには、他人にも良いことをすべきです。

G・ふたつに分けるのは難しい。

H・❷。お金です。

『いつか暗くなるときに』と血の水曜日事件
タイ現代映画と政治

文 西野風代

タイの現代史は政争とクーデターの繰り返しでもあった。現在でもタクシン派、反タクシン派の争いが続くが、40年前には政治的対立から凄惨な虐殺事件も起きている。しかし子供たちは学校でその歴史を教わることはなく、事件は風化しようとしている。マスコミの規制も強まっている。限られた表現の自由の中で歴史を描こうとしているのが、タイの映画人たちだ。

タマサート大学が血に染まった日

首をくくられ木に吊るされている死体を、男が折り畳み椅子で叩き、その周りを野次馬がニヤニヤしながら囲んでいるモノクロ写真。1977年のピュリツァー賞ニュース速報部門を受賞したAP通信ニール・ウールヴィッチの作品「バンコク路上の暴力」(For a series of photographs of disorder and brutality in the streets of Bangkok)の1枚である。

これは、タイの歴史において直視しがたい「血の水曜日事件」(タマサート大学虐殺事件)を捉えたものだ。1976年10月6日、タマサート大学で行われていた左派学生らによる反政府集会を、右派グループが襲撃、警察らによる無差別殺戮で多数の死傷者が発生した。政府の発表では死者46人だが、実際には100人以上が死亡または行方不明になったといわれ、逮捕者は3000人以上に上った。

事件について、当時、朝日新聞のバンコク支局長だった猪狩章氏は次のように記している。

「攻撃の戦陣をつとめたクラティンデーン(「赤い野牛」右翼団体)の若者たちは、死んだ学生の首に太い針金を巻いて並木につるし、多くの人が見物する中、棍棒や金属製の折りたたみ椅子で殴り続けた。死体はサナムルアン(筆者注・王宮前広場)の芝生の上に積み上げられ、火をつけた古タイヤで焼かれた。犠牲者の脂は芝生にしみつき、スコールがあって遺体が片付けられた後も、芝生から煙がプスプスのぼっていた。サッカー場に面した5階建て大校舎の窓ガラスは、銃撃やバズーカ砲の発砲でメチャメチャに割れ、使われた火力のすごさを想像させた」(「タイ『血の水曜日事件』余波」取材ノート・日本記者クラブ) https://www.jnpc.or.jp/journal/interviews/22416

また、ウールヴィッチの写真については、このような経緯があったとされる。

「この身の毛もよだつ写真は、全米の新聞の第1面にでかでかと掲載された。(略)10月6日の事件の後、タイ政府当局は各新聞社に立ち入り、タイのカメラマンが撮影した学生暴動のフィルムを没収したが、AP通信には手を出さなかった。皮肉なことに、約6か月後、ウールビッチがピュリツァー賞を受賞したことがタイのマスコミで報じられたとき、タイで撮影された写真が権威ある賞を獲得したことは誇りをもって受けとめられた。だが、その写真が印刷物としてタイ国内で公開されることはなかった」(『ピュリツァー賞 受賞写真 全記録 第2版』日経ナショナルジオグラフィック社)

学校では教えられない「血の水曜日事件」

この血の水曜日事件をテーマにした映画が、今年の大阪アジアン映画祭とアジアフォーカス・福岡国際映画祭で上映された。アノーチャ・スウィチャーゴーンポン監督の『いつか暗くなるときに』(By the Time It Gets Dark/Dao Khanong)だ。タイ版アカデミー賞のスパンナホン賞では最優秀作品賞、監督賞などを受賞し、アメリカ・アカデミー賞の外国語映画賞タイ代表に選ばれている(候補からは漏れた)。

アノーチャ監督によると、彼女の生ま

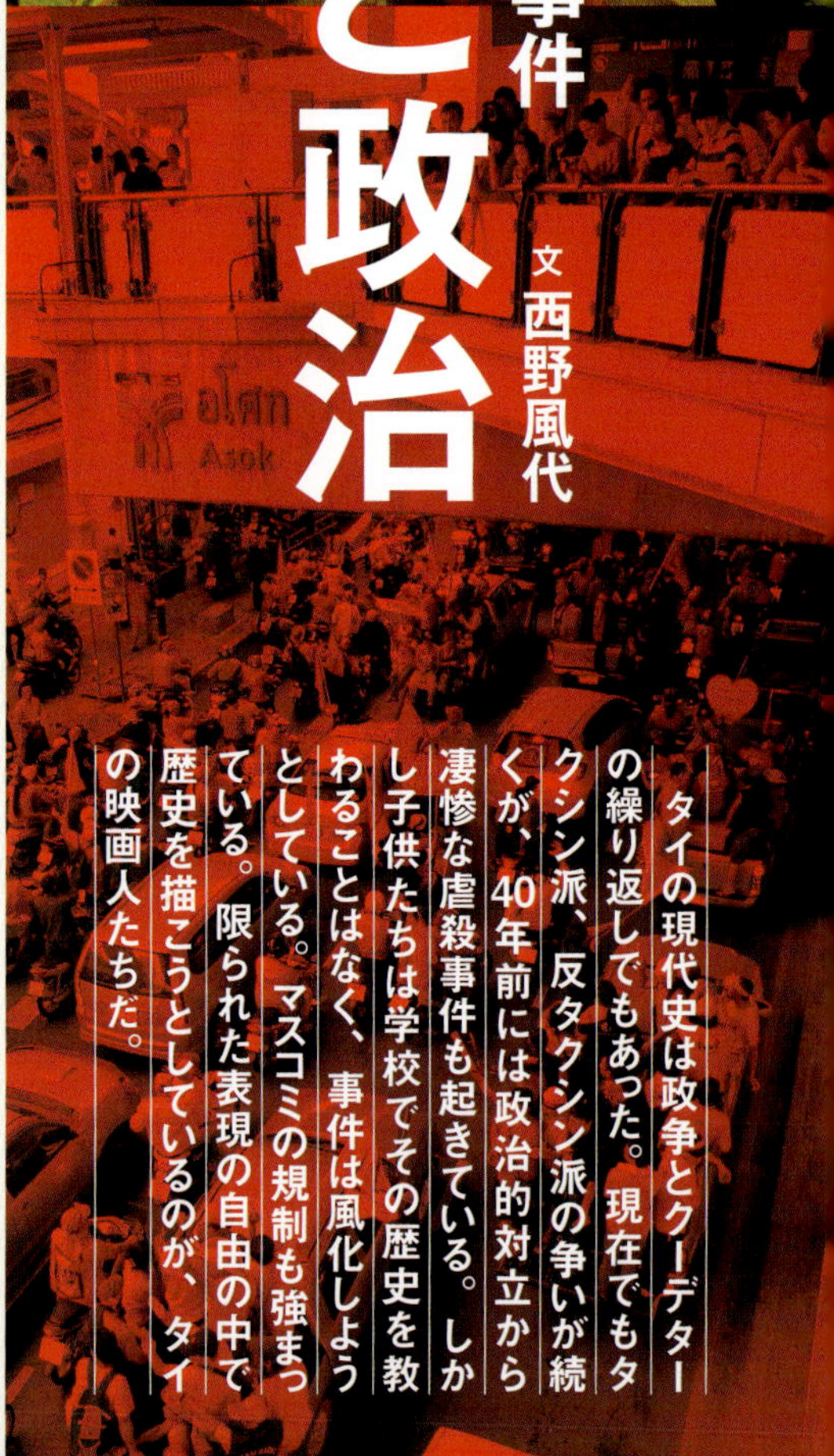

(上)王宮前広場を占拠してデモを行なう反タクシン派　(下)タクシン派によって制圧されたバンコク都内中心部アソーク

アノーチャ・スウィチャーゴーンポン監督『いつか暗くなるときに』

れた年に起きた同事件は、教科書に載っておらず、大学までは学校で教えられることがないという。12～13歳頃、自分で本を読んで事件のことを知った彼女は、誰も罪に問われなかったこの出来事が、研究者や実際の関係者以外で話題になることはほとんどなく、社会の記憶から消されていることに疑問を抱いていた。

実際に起きた事件ではあるが、40年を過ぎて、どんどん真実から遠ざかっていくような気がしていた。映画で真実は語れるのか、実験だと思い、同作で事件を描くことにしたそうだ。

ただし、映画は、確かに事件をベースにしているとはいえ、ドキュメンタリーとは異なる。冒頭で、ウールヴィッチの写真のように、後ろ手に縛られ、うつぶせで横たわる上半身裸の学生たちに警察官が銃を向ける場面が再現される以外、恐ろしい事件の描写は出てこない。そのほかは、当時の学生運動に参加した経験を語る女性、職を転々とする若い女性、ゴダールの『軽蔑』へのオマージュ的な場面、人気ミュージシャンで俳優のペー・アラックのミュージックビデオ、映画創世記のジョルジュ・メリエスの『月世界旅行』の一場面、きのこが成長するハイスピード映像、デジタル映像のノイズといったさまざまな要素がコラージュのように継ぎ合わされている。それぞれは断片的で、関連性があるのかどうかもよくわからない複雑な構造の映画だ。

このように、タイの映画監督は、庶民の日常や叙情的なシーンを描く作品の中に、政情を織り込んで表現することがある。それは、おそらくデモや何度も繰り返されるクーデターが、タイ人の生活と密接に関わっているからにちがいない。

タイ人ならではの表現手法

アノーチャ監督がプロデューサーを務め、アピチャッポン・ウィーラセタクンの推薦作品として、今年の東京国際映画祭で上映された映画もその一例。『4月の終わりに霧雨が降る』（ウィチャーノン・ソムウムジャーン監督・2012年）である。

東北タイ（イサーン）のコンケンを舞台に、失業して帰郷した男が、知人の結婚式で、かつて思いを寄せていた女性と再会、映画の道へ進みたかった夢を思い出し、ビデオカメラを買って撮影を始めるという内容だが、現実と虚構が絡み合う実験的な作品である。淡いラブストーリーとドキュメンタリーが交錯するような構成のなか、主人公が観ているテレビでは、バンコクのデモの様子を報じるニュースが流れている。

また、2014年の東京国際映画祭で上映された『タン・ウォン～願掛けのダンス』（コンデート・ジャトゥランラッサミー監督・2013年）は、より明確だ。4人の高校生が、神様に願掛けをするため、タイ伝統舞踊の猛練習をするという、一見、爽やかな青春映画のようだが、現実のデモの映像や、ひとりの高校生の父親が銃弾で亡くなってしまうエピソードが出てくる。これについて、コンデート監督は次のように語っている。

「若者の青春映画に見えて、実は政治の話が入ってくるので、ある意味、観客を騙している気はします。でも大人から次世代まで、実際タイで起きていることの影響を受けているのは事実であり、この国の未来に思いを馳せたい気持ちがありました。ただの仲良しに描かなかった理由もそこにあります。各人が喧嘩して、それぞれの人間関係から飛び出していきます。また願いが叶った御礼にタン・ウォンという伝統舞踊を踊るかりそめのグループができますが、それも壊れて各人の道を歩んでいきます。いまのタイでも同じことが起きていて、タイ人はバラバラになっているというメタファーです」（「タイ映画『タン・ウォン』コンデート監督、青春映画のかたちを借りて描こうとしたこと」映画ニュース・映画.com）
http://eiga.com/news/20141029/10/

コンデート・ジャトゥランラッサミー監督『タン・ウォン～願掛けのダンス』

この2作品とも、2006年のクーデター以降激化した、赤シャツ（タクシン派）と黄シャツ（反タクシン派）の対立およびそれを背景として2010年4月10日に発生した、デモ隊と治安部隊間の激しい衝突を描いているとみられる。このとき、日本人1名を含む死亡者数は約90名に上った。デモは、死傷者も多数発生している一方、大通りを占拠したステージ上で、演説のほか、歌謡ショーなどのエンターテインメントを上演する。さながら〝野外フェス〟のようなやり方が印象的だ。そこには、いまだ実現しない真の民主化に対する切実な思いや深刻さと、生きる上で楽しさや心地よさを重視する価値観が混在し、タイ人気質を象徴的に表しているように感じられる。

ここに取り上げた3人は、国際的にも評価の高い、現代タイ映画界で重要な監督だ。彼らが用いる、多様な要素が混じりあうモザイクのような構造は、こうした〝タイ人らしさ〟をふまえた表現方法なのではないだろうか。

【にしの・かぜよ】週刊誌記者、女性誌編集などを経て2006～2013年、タイに在住し、『Gダイアリー』等の雑誌やウェブのライター、コーディネーターとして活動。『旅の賢人たちがつくったタイ旅行最強ナビ』（辰巳出版）に寄稿。

おいしい和食で
ワイワイ
ほっこり
寅次郎の情報はこちらから!
www.aroijapan.com/torajiro
酒飯・晩酌処
寅次郎
TORAJIRO
どんたく
九州酒場
Japanese Dining ◆ Dontaku
酒飯・晩酌処
寅次郎
TORAJIRO
TORAJIRO RESTAURANT
Sukhumvit Soi 39
TEL : 02-261-5351~2
Sukhumvit Soi 26
TEL : 02-259-6075~6
MON-SAT 17:30-24:00 (25:00 Close)
SUN 16:30-23:00 (24:00 Close)
バンコクで美味しい日本料理!
Chiang Mai (Suriwong Book Center 1F) TEL : 053-449-053
MON-SAT 15:00-23:00 (22:30 Close)
SUN 12:30-21:00 (20:30 Close)
どんたく
九州酒場
Japanese Dining ◆ Dontaku
DONTAKU RESTAURANT
Sukhumvit Soi 47 (Rain Hill 3F)
TEL : 02-261-7153
Sukhumvit Soi 26 (Yunomori)
TEL : 02-259-6140
バンコクで九州料理なら!
MON-SAT 17:30-24:00 (25:00 Close)
SUN 16:30-23:00 (24:00 Close)

東ティモールはいま

汚職体質の不思議な安定

豪と海底油田で境界争いも

東南アジアで民主化度ナンバーワンとされている国はどこか、ご存じだろうか。英エコノミスト・インテリジェンス・ユニットの調査では、意外にも東ティモールなのだ。この調査によると、民主化度がナンバーワンであるだけでなく、治安が過去10年間に劇的に改善。犯罪率は、世界一治安がいいともいわれる日本の3分の1だとされる。これは事実なのだろうか。近年の東ティモールの政治状況を追ってみる。

文・写真 **文珠幹夫**

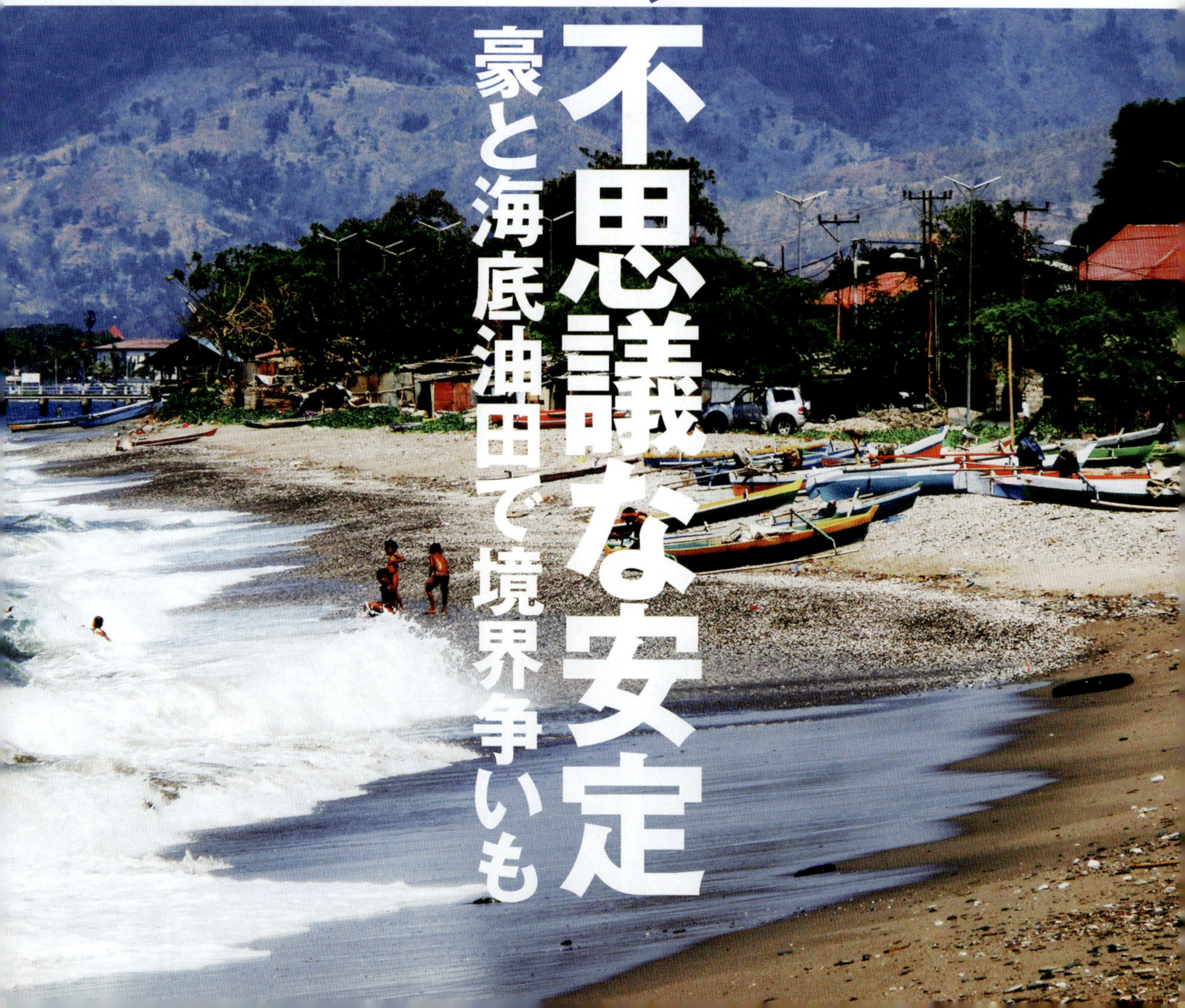

インドネシア軍事占領からの解放

東ティモールは1975年にポルトガルの植民地から独立を宣言したが、隣国スハルト独裁体制下のインドネシアに侵略・軍事占領され、24年に及ぶ苦しい闘いを強いられた。

99年8月国連主導のもと、自決権行使の「住民投票」でインドネシアの支配を住民の80%近くが拒否し、独立を選んだ。

しかし、インドネシア軍はそれを認めず東ティモール全土を焼き討ちし破壊しつくした。

その後国連が介入し、2002年まで国連の暫定統治により復興を目指した。02年5月、東ティモールはついに主権を回復し、国際社会から正式に独立国家として認められた。06年に政権に不満を持つ兵士が首都で抗議行動を起こし、死者も出る騒動が起こったが、それもなんとか乗り越えた。

東ティモールは国名通りの共和国で、国の代表は大統領である。議会は完全比例代表の選挙で選ばれた65人の議員からなる。首相は議会によって選出され、議会の過半数（過半数を得た政党がない場合は第1党）を得た政党が政権を担当する議院内閣制である。大統領の権限は限られており、首相が大きな権力を持っている。

01年の制憲議会選挙で選ばれた議員がそのまま02年から国会議員となった。このとき東ティモール独立革命戦線党（フレテリン）が過半数を占めて第1党となり、マリ・アルカティリ氏が首相についた。

首都ディリの市場には色とりどりの野菜が並ぶ

過半数取る政党出ず

アルカティリは左派的な民族主義者だった。優秀なタフ・ネゴシエーターだが、狷介で皮肉屋的な性格もあるため、右派勢力や外国政府に煙たがられ、06年に勃発したディリ騒動の責任を取らされる形で退陣に追い込まれた。

その後07年の総選挙以降、選挙で過半数を得た政党がなく、複数政党による連立政権が続いている。昨年7月に総選挙があったが、今回も過半数を得た政党がなかった。

なぜ、10年間も過半数を得る政党が出てこないのか。

東ティモールの対インドネシア戦争を主導したのは、フレテリンであり、1975年に独立を宣言した政党である。インドネシア軍と対峙し、ゲリラ戦を主導したのはファリンティル（東ティモール民族抵抗軍）で、その司令官がシャナナ・グスマオ氏である。カリスマ的な人物として知られる。

都市部、とくに首都ディリで地下抵抗活動を行ったのは若者たちの抵抗組織だった。また、海外で外交的な活動を担った人々もいる。代表的な人物はラモス・ホルタ氏である。

開明的なカトリック関係者も大きな役割を果たした。代表的な人物はベロ司教である。この両者は1996年にノーベル平和賞を受賞した。これらの組織や人々が大同団結して巨大な侵略者インドネシアと闘った。人口、経済力、軍事力とも数百～数千倍の敵との闘いだった。そして、その敵に勝った。

しかし、国の復興が始まった2000年からそれぞれの思惑の差が顕著になった。同様に国際社会の思惑も露骨さを示すようになった。東南アジアの一角に自力で独立した民主国家の出現を煙たがる国々が、陰に陽に外交的圧力を加え始めたのだ。

これらの国々は、やっと平和と自由を勝ち取った小国を静かに見守るようなことはしなかった。

東ティモールとオーストラリアとの間にはティモール海が広がっているが、その東ティモール側には豊かな海底油田が

不人気のマリ・アルカティリを出さず、教育が大事、保健衛生が大事と選挙公約を前面に出したフレテリンの選挙バナー

こちらはCNRTの選挙バナー。
シャナナ・グスマオを前面に出している

1991年にディリで起きたインドネシア軍による虐殺（サンタクルス事件）を記念するモニュメント

あった。06年のディリでの騒動でマリ・アルカティリ政権が退陣に追い込まれた背景には、さまざまな利権を狙う者たちの思惑も絡んでいた。

シャナナのインフラ整備

ディリ騒動後の07年の総選挙でフレテリン党は第1党となるが、過半数を取れなかった。そして他党との連立ができず、シャナナ・グスマオ氏率いる政党「東ティモール再建国民会議」（CNRT）がほかの政党と連立を組み、政権を担うことになった。

シャナナ氏はマリ・アルカティリ政権とは異なり、積極的な財政出動による政策を推し進めた。

独立をめぐる戦闘で、2000年の段階における全土のインフラは壊滅状態だった。

アルカティリ政権下ではその復興が遅れ気味であったので、シャナナ政権のインフラ整備は人々からは歓迎された。しかし12年の総選挙ではCNRTは第1党になるも過半数が取れず、またも連立政権となった。フレテリンを支持する層を切り崩せなかったのである。

シャナナ政権はさらなる積極財政によるインフラ復興整備と開発を推し進めた。財源は東ティモール南方の海底油田から得た巨額の収入である。

復興と開発に立ちふさがる問題は人材難であった。長い戦乱・紛争で人材が育っておらず、海外の企業にインフラ整備や開発を頼らざるを得なかった。戦争相手国であったが独裁者スハルトが倒れ民主化したインドネシアや、中国の企業がそれを請け負った。

しかし、インドネシア、中国とも汚職がはびこる「汚職大国」である。東ティモール政府関係者の間にも汚職が蔓延した。

これゆえ「ビジネスは中国人とインドネシア人ばかりが儲けている」と人々の間に不満が広がった。

議会では15年2月、奇妙なことが起こった。シャナナ・グスマオ首相が野党フレテリンのマリ・アラウジョ議員に首相の座を禅譲したのである。議会から野党が消えた。議員は全員与党という異常な状況になった。

シャナナ・グスマオ氏は戦略的計画大臣兼指導的大臣という実質的権力者として首相に対し院政を敷いた。

議会は政府を追及しなくなった。シャナナ氏は彼の政策を思うがままに実行できる体制を作ったのだ。

苛立つ人々

シャナナ氏は老練な政治家で、対インドネシア戦争時の卓越した指導力を政治家になってからも発揮、首相としては復興と開発に力を入れてきた。治安対策にも力を入れた。犯罪発生率が日本より低いのは事実であり、かつて「焼け野原」だった状態からすると生活状況もずいぶん

亡くなったラサマ元国会議長・教育相（左側）を使用した民主党のバナー

タウル・マタン・ルアク前大統領（元ファリンティル司令官）の写真を前面に出した民衆解放党選挙バナー

と改善している。

しかし、蔓延する一方の汚職にシャナナ氏は厳しい姿勢で臨まず、多くの人々が不満を抱いた。それが彼のカリスマ性を損ねる原因となっていった。

CNRT第1党にもなれず

こういう状況の中で、7月の総選挙が行われた。結果、CNRTは過半数どころか第1党にもなれなかった。投票率は76・74%。各政党の得票・獲得議席数は表の通りである。

21の政党が選挙を戦ったが、議席を獲得したのは5党である。クント党が5議席獲得しているが、この政党は以前、武闘集団（空手やテコンドーの愛好集団で任侠的性格を持つ）であったが、政党に鞍替えした。フレテリンに近いと言われている。事前の予想以上に票を得て議席を得た。世界的な政治の流れと同様に、現状に不満を抱く人々、とくに若者の支持を集めたようである。

政党	得票数	得票率(%)	議席数
フレテリン党	168,480	29.7	23
CNRT党	167,345	29.5	22
民衆解放党	60,098	10.6	8
民主党	55,608	9.8	7
クント党	36,547	6.4	5
他16党合計	79,992	14.0	0
合計	568,070	100.0	65

シャナナ氏の思惑は完全に外れ、第1党になったフレテリンが政権を担当することになったが、連立する相手を探さねば過半数の議席が取れない。

しかし、フレテリンは連立工作をうまく進められなかった。2か月後の9月になって、ようやく少数与党で政権を担当することを決断した。

連立相手は民主党のみ。クント党は最終段階でポスト配分に不満を抱き離脱した。

民主党はもともとフレテリンとはかなり立場を異にする。政権は不安定な門出になった。一般の人々の間でも、「この政権は短命に終わるのではないか」と懸念する声が出ている。

10月2日にアルカティリ新政権は閣僚名簿を大統領に提出し宣誓式を行ったが、法務相や観光相が未定など完全な陣容での船出はできなかった。10月17日にようやく全閣僚がそろったが、先行き不安な門出となっている。

一方、シャナナ氏率いるCNRTはアルカティリ新政権を退陣に追い込むことを狙っているようだ。

そうなると、CNRTが他党と連立を組んで政権を担当することになり、10年前の政局に似た状況になる。

いずれにしても、汚職の一掃は進みそうもない。それでも社会的な混乱は生じないだろう。東ティモールの社会は汚職体質を含んで安定し、誰も社会的混乱を望んでいないからだ。懸念材料があるとすれば、近隣の地域大国やその同盟国の動きだけである。

石油で併合認めた豪

東ティモールとオーストラリアの間にティモール海がある。そのティモール海の東ティモール側に海底油田、ガス田がある。これこそが東ティモール問題に地域大国が介入してきた重要な背景でもある。

1975年に東ティモールがインドネシア、スハルト独裁政権に侵略を受けたとき、隣国オーストラリア政府と石油資本はティモール海に石油、天然ガスが眠っていることをすでに知っており、この石油を横奪することを画策していた。

6月17日に行われた若者向けの選挙キャンペーでの各政党の演説。
こちらはフレンテ・ムダンサ党

東ティモールを侵略し「併合」したインドネシアと取引したのだ。オーストラリア政府がインドネシアの東ティモール「併合」を認めれば、スハルト政権は海底油田・ガス田のある東ティモール側の領海をオーストラリアの領海とすることを認めたのだった。

スハルト政権に多額の援助を行っていた日本や米国ですら認めなかった「併合」を、世界で唯一認めたのがオーストラリアだったのだ。

そしてオーストラリア政府と石油資本は実際に採掘し、パイプラインをオーストラリアのダーウィンへ引き込み、石油・天然ガスを横取りした。

99年の東ティモール独立後も、オーストラリアは国際法を無視し、厚顔にもスハルト・インドネシアと結んだ領海の条約を維持しようと画策した。

2002年国際社会から独立、主権回復を認められた後、初めて首相となったマリ・アルカティリ氏は粘り強くオーストラリア政府と交渉を行った。その結果、06年にようやく2国間合意に達し、07年に海底油田・ガス田を共同開発するティモール海境界線（CMATS）条約が結ばれた。共同開発区が設けられ、東ティモール側の海底油田・ガス田の収益は東ティモール側90、オーストラリア側10の配分となった。

しかし、最大の懸案である領海線の問題は棚上げされた。共同開発区から外れた東ティモール側に最大の海底油田・ガス田グレーターサンライズがあり、オーストラリア政府はこれを何としても自分たちの物にしたかった。

もし、国際法にのっとり2国の中間線に領海線を引くと、すべての海底油田・ガス田が東ティモール側に入る。アルカティリ首相はグレーターサンライズの収益を5対5にする妥協案で合意に結びつけた。しかし、その数か月後、ディリ騒動で彼は退陣せざるを得ない状況に追い込まれた。

独立の英雄のひとり、ロサ・ボナパルトの名を冠した公園

豪による盗聴発覚

この騒動は軍内の待遇改善に端を発するもので、たいした問題ではなかったが、これを利用し、この小さな「火種」に大量の油を注ぐ勢力が現れ、大騒動に発展したのである。

シャナナ政権になり、東ティモール内でこの条約の見直し気運が高まった。この条約交渉の過程でオーストラリア政府が東ティモール政府側を盗聴していた事実が発覚したのである。

東ティモール政府は国際仲裁裁判所に提訴した。2013年オーストラリア政府は暴挙に出た。東ティモール政府側の代理人であるオーストラリア人弁護士事務所に家宅捜査と称し関係書類すべてを奪い去ったのである。オーストラリア国内でも大問題となったが、オーストラリア政府は鉄面皮を決め込んだ。

しかし、東ティモール側が与野党のみならず国民全体が団結していたことや、オーストラリア内での批判や東ティモールを支援する多くの団体が、東ティモール側の主張を後押しした。そして、昨年9月の発表では、オーストラリア政府が折れ、領海線は2国間の中間に引くこと、グレーターサンライズ油田・ガス田の収益は東ティモール側70、オーストラリア側30で妥結した模様だが、詳細はまだ不明である。

現在、東ティモールの海底油田・ガス田からの天然ガスはすべて日本へ輸出されている。日本の天然ガスの全輸入量の5%を占める。オーストラリアの石油企業ウッドサイド社とグレーターサンライズの開発に参加しているのは、大阪ガスである。

【もんじゅ・みきお】大阪東ティモール協会代表、東ティモール全国協議会事務局幹事。1985年から、インドネシアの侵略を受けた東ティモールの自由・平和そして独立（主権回復）支援活動を行う。2002年の独立（主権回復）以降、戦争時に孤児になった子供たちの支援活動とインドネシア軍に拷問などを受けた人々のトラウマケアの支援を継続する。なお、東ティモール全国協議会は、日本が第2次大戦中（中立国ポルトガルの植民地であったが）軍事侵攻したとき強制的に「従軍慰安婦」にさせられた女性たちを支援している。

カシミール 終わらぬ弾圧

人間に使われるペレット弾

外出禁止にストとデモで戦う

以前は活動家だけのデモだったが、若者が中心となって
いまではこのようなデモが常態化するようになった

デモに巻き込まれ、橋で治安部隊に追い詰められて、川に飛び込んで溺れ死んだ12歳の少年

インド亜大陸北西部にあるカシミール地方は、インド・パキスタン・中国にまたがって位置し、1947年の印パ両国の独立以来、両国の間でその領有が争われている。とくにインド支配地域であるジャムー・カシミール州（以下カシミール）では、住民の70%あまりをイスラム教徒が占め、インドからの分離独立運動が盛んだ。2016年夏には、分離独立を求めるデモが広がり、3か月の間でおよそ90人がインド軍や警察に射殺される事態となっている。

文・写真 **廣瀬和司**

きっかけは、2016年の7月8日、カシミールの夏の州都スリナガルから南に約80キロ離れたコケルナグで、武装勢力のひとりの青年司令官が殺されたことだった。

彼の名はブルハーン・ワーニー（22）といい、人びとにとって特別な存在だった。

日常の中の闘争

彼がほかのゲリラと異なっていたのは、普通ならば正体を隠すはずが、ソーシャルメディアのビデオ投稿で顔を出し、「皆で戦ってインド軍を追い出そう」と呼びかけ、仲間たちと自撮りしたり、クリケットに興じる様子を流していたからである。

そんな彼の姿は若者たちにとっては「兄貴分」のように映り、年配の者たちからは息子のように思われるようになった。

こうした日常のなかに闘争がある——。彼のそういったメッセージをみなが受けとめていた。

ブルハーンがゲリラになったのは15歳のときだ。治安部隊の兵士から兄がたびたび暴行を受けていたからだった。

カシミールでブルハーンに対する共感

が広がったのは、誰もが彼と同じような経験を持ち、自分たちの代わりに戦ってくれている、という思いがあったからだ。

そんな彼が殺されたのだから、人びとの怒りは凄まじかった。外出禁止令が出されていたのにもかかわらず、ブルハーン殺害に抗議して警察や治安部隊と衝突を繰り返した。最初の3日間で32人が死亡し、1365名が重軽傷を負った。

開票結果の改竄

カシミール問題の始まりは、1947年にインド・パキスタン両国が独立後、カシミールの領有を巡って争った第1次印パ戦争に起因する。

戦争は国連の調停で停戦し、国連の監視下で印パのどちらに帰属するか住民投票で決めることになったが、印パ両国の協力がなく、現在まで行われていない。

転機になったのは1987年の州議会選挙だった。第1次印パ戦争後、インド政府は影響力を強めるために州政治への干渉を強めた。それに業を煮やしたムスリムの住民たちはムスリム統一戦線を結成し、自らの候補者を立てた。だが、彼らのほとんどが当選することはなく、インド政府による開票結果の改竄が疑われた。選挙という民主的な政治参加手段が奪われ、武装闘争が本格化したのである。

住民たちが武器を取って戦うようになったのは、国連決議による住民投票の否定、インド憲法で保障された自治の否定、そしてインド政府と州政府の度重なる癒着と腐敗など、長年にわたって自らの権利が否定され続け、怒りが頂点に達したからだった。

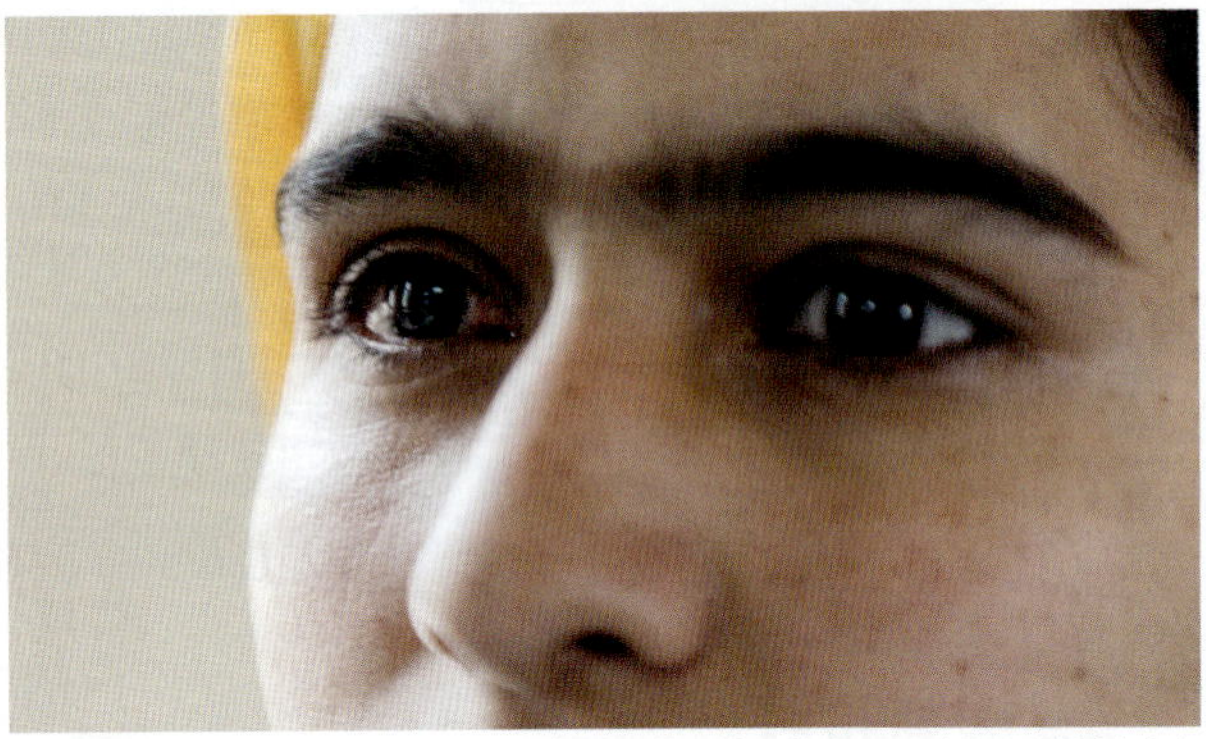

投石する若者を追っていた兵士に、家の軒先で洗い物をしていたところを撃たれた少女。兵士は無差別に発砲することが多く、デモ参加者以外の被害者は多い

ペレット弾で多数の人々が失明

だが、多民族国家であるインドでは、分離独立運動は国家の解体につながるとされた。そして徹底弾圧が始まった。

警察、治安部隊による逮捕状なしの逮捕や拘束、殺人の免罪を認める軍事特別法（AFSPA）という治安法が現地では施行されている。一般市民への暴行、拷問、行方不明、現場での処刑、デモへの実弾発砲といった人権侵害が日常的に行われている。

分離独立運動はこうした弾圧もあって、いったん1990年代の半ばには収まったが、2000年代後半から息を吹き返すことになる。

運動の中心を担ったのは若者たちだった。

彼らは幼少の頃から身近な人びとが逮捕や暴行をされたり、行方不明となっているのを目撃しており、また自らも理不尽な体験をすることによって、自分たちが置かれている境遇について理解するようになったのだ。ブルハーンもそのひとりだった。

しかし、インド政府からみれば、ブルハーンはテロリストであり、彼を支持するカシミールの人びとを許せなかった。抗議行動を抑えようと厳しい外出禁止令を施行した。治安部隊は抗議デモに銃撃を加え、92人の死者と約1万5000人の負傷者を出し、投石行為をする若者9000名を逮捕した。

また、近年、実弾発砲で死者が増加していることに批判を受けた治安部隊は「致命傷を与えない武器」として、散弾（ペレット弾）銃を使用している。だが、それでも12人が殺され、1126人が目に被弾し、そのうち52人が両目に被弾して失明者となる可能性が高いことから、新たな非難を生んでいる。

「俺の写真を撮ってモーディー（インド

逃げるデモ参加者。捕まれば、最低半年は保釈なしの拘留を覚悟しなければならない

スリナガルで治安部隊と対峙して、投石をする若者たち。状況を変えるには、撃たれても、やるしかない、と異口同音に語る

スリナガルのダウンタウンに描かれた、ブルハーン・ワーニーの肖像画。カシミールでは、亡くなったいまでも英雄的存在だ

首相）に見せろ。いいか、モーディー、俺がこうなったのもお前のせいだ。お前は最悪の犬だ」

「ペレット弾は狩猟用だが、カシミールでは人間に使われる」

「解決は独立しかない。インド軍がいなくなれば平和が来る」

スリナガル市内の病院を訪れた私に、被害者たちは次々とそう訴えた。

英字紙が発行停止処分に

デモの参加者は言う。

「僕らをインドはテロリストだと言う。では、何人の警察官や兵士が死んだ？　なぜ、石を投げているだけで殺されなければならないんだ？　政府は話し合いをというが、いままでなにも実らなかった。時間稼ぎに過ぎない。問題を解決するには、戦い続けるしかない」

治安部隊は、殺しても罰せられないのを知っている。ゆえに、デモの鎮圧ではのべつまくなしに撃ちまくる。そのためデモ参加者以外にも多くの犠牲者が出ている。そのうちのひとり、モハマド・アシュラフさん(22)はこう語る。

「理由もなく撃たれたり、暴力を受ければ、考えが変わるのは自然なことです。それは私だけでなく、みながそうです。多くの抑圧があるからこそカシミールの人々はインドからの分離独立を求めるのです。それまで政治運動にはさほど関心はありませんでした。仕事には満足していたし、そこに未来がある思っていました。でも、改めて政府が人々を傷つけていることがわかりました」

分離独立運動に火を点けているのは、ただ弾圧すればよいと考えている、インド政府のやり方なのだ。

弾圧の矛先はメディアにも向けられた。現地の英字紙『カシミール・リーダー』は市民の被害の状況を伝えたことで「暴力を扇動した」とされ、州政府から約3か月発行停止処分を受けた。

また、現場で取材するフォトジャーナリストたちにも暴行が加えられ、ペレット銃で狙撃される者たちもいた。

度重なる弾圧に、人びとはストライキで対抗した。ストは外出禁止令と同じく100日以上にものぼった。スト参加者は収入がない日々が続いた。

「3度の飯を2度にする」

「カシミールは冬が長いので、食料を蓄えるのに慣れているから大丈夫だ」

それでも彼らは闘志を衰えさせない。

その一方で、苦しい胸の内も聞いた。

「公務員や銀行員など、大きな会社に勤めて定期的にサラリーをもらっている人たちは、ストライキの間でも給料は出る。みな、家でテレビで映画を見てストライキを楽しんでいる。でも、商店主や自営業者は大変だ。自分だけで精いっぱいで、従業員の給料なんて払えないし、貯金を食いつぶさなくてはいけない。バスは営業できないから、運転手は収入はいっさ

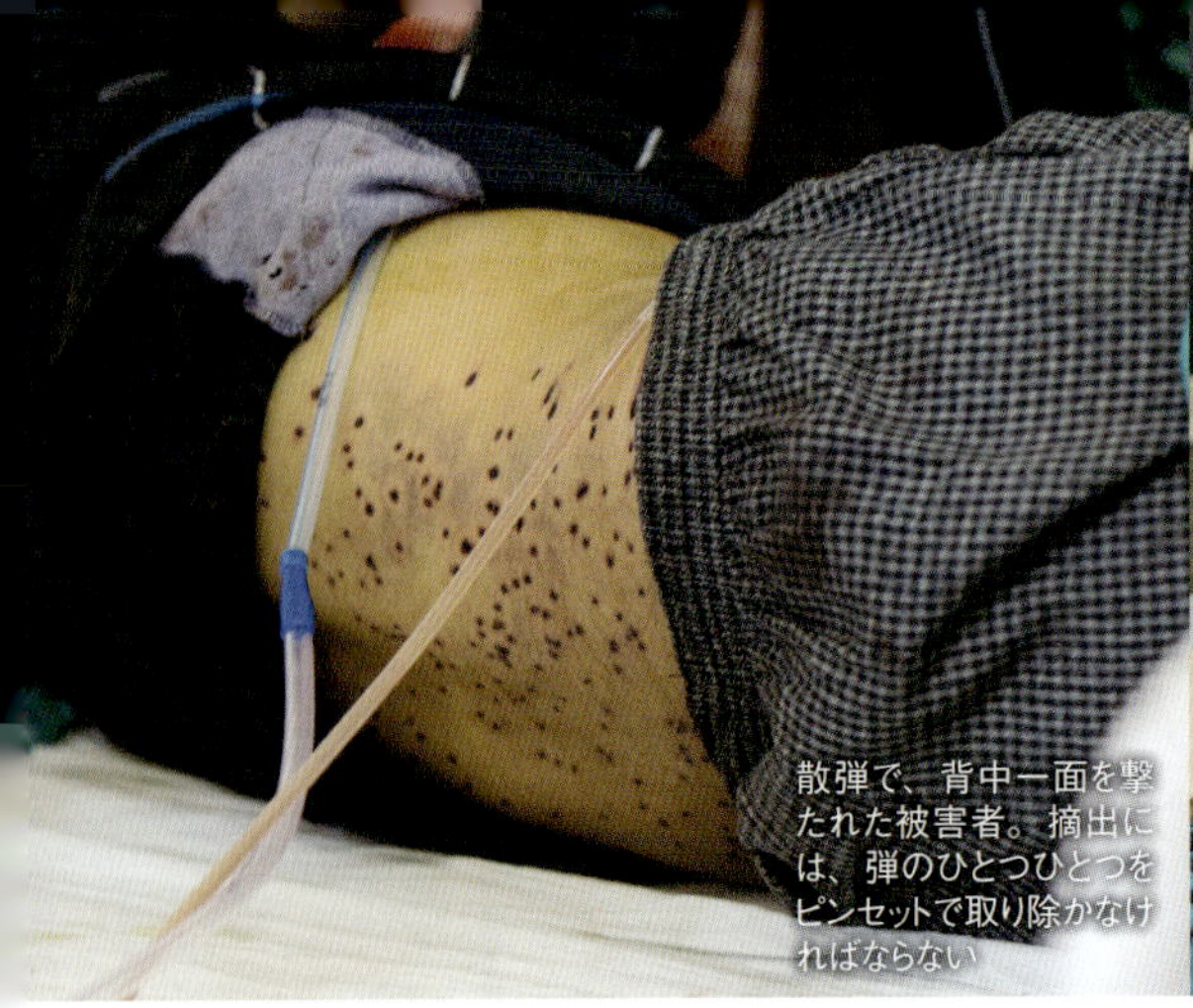

散弾で、背中一面を撃たれた被害者。摘出には、弾のひとつひとつをピンセットで取り除かなければならない

散弾銃で左目を負傷した高校生。投石もないデモだったが、警察が現れると、いきなり発砲してきたという

いない。タクシードライバーは、たいがい車のローンを抱えているけど、支払いができないから利子も増えて負債がどんどん溜まっていく」

このような話を複数の人びとから聞いたが、それでも、こうした闘争を強いているのは政府に責任がある、という態度だった。

実はカシミールでは08年と10年にもこうした住民蜂起があり、100名以上の死者を出した。しかし運動は約3か月続いたものの自然消滅し、なんの結果も出せなかった。だから人々は「これで最後にしたい」という思いが強い。

「牛自警団」によるリンチ

インドの現モーディー政権を支えるインド人民党(BJP)は、ヒンドゥー至上主義団体RSSを支持母体にしており、イスラム教徒やダリット(不可触民)への迫害の姿勢を強めている。

例えば、インドの各州で牛肉食の禁止や、牛の屠殺禁止令が出されているが、牛の屠殺を生業とするイスラム教徒の収入を断とうとする意図があると言われている。さらに、それに乗じて「牛自警団」なるものが結成され、牛を連れたイスラム教徒が言いがかりをつけ、私刑で殺される例が後を絶たない。

モーディー首相は、もともと彼がグジャラート州首席大臣時代の02年に起きた

散弾銃で撃たれた人びとでいっぱいの、スリナガル市内にある州立病院の眼科病棟。ほかの被害者が続々と来るので、手術の予約をし、4、5日で退院していく

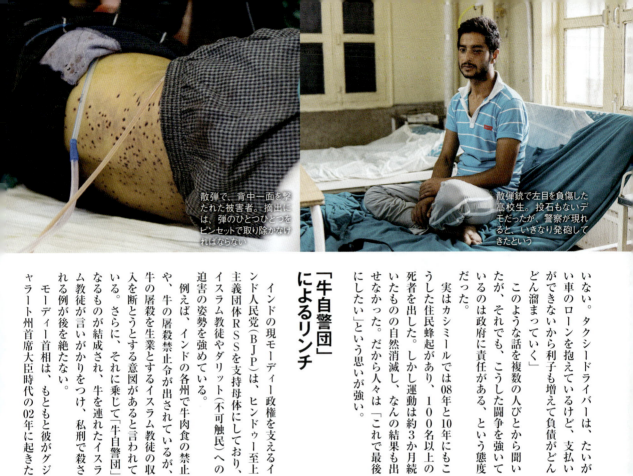

15年前に父親が治安部隊に拘束されたまま行方不明となり、所在を明らかにするように求めている娘のビルキースさん。カシミールでは1998年以来、約8000人が紛争に関連して行方不明になっているという

イスラム教徒虐殺事件への関与が疑われた人物であり、カシミールでは忌み嫌われてきた。

　また、BJPは、かねてからカシミールの自治権を保証した憲法370条の廃棄に積極的であった。

　モーディー政権は今年8月、憲法370条に関連して、カシミール人以外のカシミールの不動産の所有を禁じた憲法35条Aを破棄しようと、最高裁に提訴した。カシミールの人びとにとってみれば、インドで唯一のムスリム多数州であるのが、人口構成が変わってしまう可能性と、それ自体がアイデンティティとなっているので、これには絶対に反対である。

パキスタンへの統合でなく

　BJPのカシミール政策に戦略的なものはなく、基本的にイスラム教徒嫌いに根差している。カシミールで妥協すれば、パキスタンのテロを許すことになるという、ヒンドゥー教徒の反パキスタン感情と愛国心を煽って支持を増やそうとしているところにある。

　カシミールの人びとは歴史的経緯を踏まえて、何がなんでも分離独立だと考えているわけではない。自分たちでは解決のしようがない暴力に直面して、分離独立としか叫びようがないのだ。

　パキスタンについては、同じ南アジアのイスラム文化を共有し、最も親しみがある国ではあるが、軍事政権が長く、カシミールの人びとが求める人権や民主主義はないことを知っている。

　また、同じイスラム教徒なのにスンニ派とシーア派で殺しあいをしていることも否定的な要素だ。

　独立についても、経済的にも地政学的にも難しいことを知っている。むしろ、BRICSの一員として経済発展を続けるインドのなかで豊かに暮らしたいのだ。

　インド政府が問題解決について行なうべきなのは、人権侵害の温床となっているAFSPAを撤廃し、カシミールの人びとの安全な暮らしを保証することだ。

　そして、それこそが世俗国家としてのインドの利益にもなるはずだ。

【ひろせ・かずし】1969年、東京都生まれ。アジアプレス所属。95年に台湾人元従軍看護師の取材を最初に、ジャーナリストとしての活動を始める。98年からカシミールでの分離独立運動や人権問題について取材を開始。著書に『カシミール／キルド・イン・ヴァレイ　インド・パキスタンの狭間で』（現代企画室2011年）がある。

スリナガル市内で開かれた、カシミールの分離独立を訴える集会。人びとは、日々、直面する弾圧に居ても立ってもいられない気持ちで参加する

日本に生きるアジア人たち

「専門職」として急増を始めたミャンマー人材

文・写真　室橋裕和

日本はもう、外国人という存在がなければ成り立たない国になりつつある。とくに東京は顕著だ。コンビニのレジも、居酒屋で注文を取りに来るのも、たいていは外国人だ。なかでもこの数年、急増しているのはネパール人やベトナム人、そしてミャンマー人であるといわれる。

**　しかしいま、この潮流に少しずつ変化が現れている。留学生を中心に単純労働のアルバイトに従事する人々だけでなく、手に職をつけ、正社員として、会社の大きな戦力として日本の会社に就職する人々が増えてきているのだ。**

正社員として日本で働く

「日本には、留学生として２００６年にはじめて来たんです」

　淀みなく流暢な日本語で話すワインさんは、ミャンマー専門のコンサルティング会社で働き、忙しい日々を送っている。ミャンマーの人材と日本の会社をつなぐ派遣業務が中心だ。ミャンマーから日本に働きに来た人々のケアをきめ細かく行なう毎日。相談は深夜にまで及ぶ。

　来日したばかりの女性が転倒し大ケガをしたときは、救急外来に連れていき、医師たちとの通訳をしたり、家まで付き添ったり。ホームシックになった若者たちから相談が寄せられることは日常的だ。

　給料から差し引かれている健康保険とはなんなのか、買ったものの料金に加わっている8%はいったいどんなお金なのか、聞かれたりもする。

「健康保険は、困っている人のためにみんなでお金を出し合う、仏教の功徳のお話をすると納得してもらえますね」

　ワインさんの仕事は、ミャンマー人の労働者と、組合、そして会社との仲立ちをし、ミャンマー人材を日本社会のなかで活かしていくこと。その人材とは、コンビニや飲食店のような単純労働ではない。

「いまはＩＴ関連のほか、機械の設計や車の整備といったエンジニアが多いでしょうか」

　勤勉で温厚、こつこつと働くことに向いている気質のミャンマー人は、日本人の労働観にフィットしやすい。そして日本語能力も高い。ワインさんの会社はミャンマーにもオフィスを持ち、グループの中には日本語学校もある。日本での就職を目指す人々は、ここで日本語だけでなく、日本の文化、日本で働く上での習慣やマナーなどを徹底的に学ぶ。

　ミャンマーで技術を積み、日本語と日本の習慣を身につけた若いミャンマー人が、少子高齢化で人材不足に悩む日本の社会を埋めていく。

高田馬場の歓楽街さかえ通りを抜けた先には、いくつもの語学学校があり、たくさんの留学生が学んでいる

民主化の進展で留学生が増加

「もともとはドラマなどの影響で、中国に興味があったんです」

　そうワインさんは振り返る。ヤンゴンで１９９６年に高校を卒業したが、進学するはずだった大学はデモで閉鎖された。だから個人的に中国語を勉強する日々を送っていたが、通っていた塾はデモ隊の活動場所に近く、危険が伴った。

「このままでは、なにもできない。そんなとき母が、日本語を勧めてくれたんです」

　安全な場所にあった日本語学校に行って、学んでみると、ミャンマー語と日本語は語順が同じ。言葉だけでなく、折り紙や七夕など、日本の文化も学べた。面白いと思った。ＪＬＰＴ（日本語能力試験）のテストを目標に勉強を続け、「日常的な場面で使われる日本語の理解に加え、より幅広い場面で使われる日本語をある程度理解することができる」とされる、「N2レベル」を獲得。ヤンゴンにある日系企業に入り、さらに勉強したいと考え、留学生として日本の大学に入った。それが２００６年のことだ。

「私が来たときは、まだ難民として日本

東京・高田馬場。留学生の街として知られるが、とくにミャンマー人が多い

に来る人もいたんです」

軍事政権の弾圧を受けて、国外に避難する難民たちの一部が日本を目指した。彼らが、日本に定住するようになった在日ミャンマー人の「第一陣」だ。いまから20年ほど前のことになる。当時、西武新宿線の中井駅にミャンマーのお寺があったことでミャンマー人が集まりはじめ、やがて中井からも近く交通の便がいい高田馬場が「リトル・ヤンゴン」となっていった。

それも軍事政権の変化、民主化の進展によって変わっていく。ワインさんのような留学生が増えてきたのだ。しかし、その生活はきつい。留学生には週28時間までのアルバイトが許可されているが、そのお金で学費と生活費とを賄っていることも多い。朝から夕方まで学校に通い、夜間と休日はひたすらにアルバイトをして過ごす。なにかをする時間もない。

「私はなにをやっているんだろう、なにをしに日本に来たんだろうって迷ってしまう人もたくさんいるんです」

なかには厳しい学生生活に疲れ果てて、難民として入国管理局に申請を出してしまう人もいた。

日本政府は原則として難民は認定しない方針だが、「私は難民です」と訴え出ることは許されている。そして、その人が本当に難民であるかどうか、審査をするのだ。結果が出るまでの間、本来ならば入国管理局の施設に留まっていなくてはならないのだが、人道的な見地から行動の自由が与えられる。これを「仮放免」という。

いまはミャンマーも民主化が進み、難民を出すような国ではない（ロヒンギャ問題→P40をのぞく）。しかし、明らかに難民ではないケースでも、お役所仕事か入管はとりあえず申請を受けつけ、マニュアル通りに仮放免を出すのだ。

仮放免になると、半年に一度の「審査」はあるが、就労が許可される。留学生のように労働時間の制限もない。勉強はできなくなるが、自由に働き、稼ぎ、家族に仕送りもできる……（※）。

高田馬場駅前のビルには、ミャンマー料理店や食材店も。この街は「リトル・ヤンゴン」とも呼ばれている

「でも、それであなたの人生いいの？　難民だよ、せっかく日本に勉強しに来たのに、なにも得られずに難民になるだけ？」

そう言ってワインさんは何人かのミャンマー人を説得したこともあったという。彼女はつらい生活のなかでも、難民になることもなく、時間を見つけて図書館に通い、勉強を続けた。そして卒業後は、日本で就職を果たした。何度かの転職の後に、いまの会社と出会う。現在ではマネージャーとして、会社のなかでも重要なポジションを担っている。

彼女のように日本語を駆使して、専門職として働くミャンマー人がいま、増えている。難民、留学生、そして第3の波が明らかに来ている。

介護の世界に外国人が急増する

2017年9月、入管法が改正された。外国人の在留資格に「介護」が追加されたのだ。また11月には外国人技能実習生制度も変わり、働ける職種にやはり「介護」が加わった。

これを見越して、ミャンマー側ではすでに介護人材の育成が始まっている。2018年夏にも、まず最初のミャンマー人看護職が誕生するといわれている。ほかの国々からも、同様に介護への「参入」が始まるだろう。人材不足が叫ばれながら、少子高齢化の急速な進行によって破綻までが叫ばれている介護の業界を、救うことになるかもしれない。

そのためにも、日本を支えている外国人労働者が搾取されるようなことがあってはならない。

『ミャンマー人材［雇用・活用］実践ガイドブック』（日本実業出版社）
西垣充 著

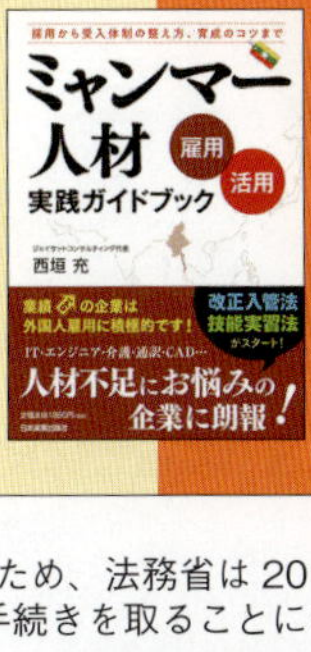

日本でミャンマー人労働者を受け入れようと考えている企業、ミャンマー進出を考えている企業は必読。ミャンマーの基礎知識から、ミャンマー人の気質、雇用するメリット、さまざまの法律や手続きの詳細な解説、ミャンマー人を受け入れた企業のリアルなレポートまで、ミャンマーに精通した著者が紹介する。

単にビジネスというだけでなく、ともに歩いていけるパートナーとしてのミャンマー人との、つきあいかたを学べる一冊だ。

（※）こうした「就労目的の難民申請」が増加したため、法務省は2018年1月から制度を変更。審査期間を短縮し、就労目的とわかった場合は原則として強制送還の手続きを取ることになった。

仁義なき中国風俗 ——第3回

国境を跨いで稼ぐオンナたちの現代「からゆきさん」事情

中国で働く日本人風俗嬢はチャイナ・ドリームを掴んだか!?


19世紀後半、明治の末期。数多くの大和撫子が日本を出て、中国や東南アジアで売春婦として働いていた時代があった。彼女たちは「からゆきさん」と呼ばれ、現地で過酷な性労働に従事していたのだ。

そしていま。マカオや上海など、中国の各地では日本人の風俗嬢が増えている。いったいどういう経緯で海を渡るのか、どんな組織が絡んでいるのか、そして嬢たちはなにを思って中国で身体を売るのか……時代の趨勢か、現代に蘇ったからゆきさんに迫った。

取材・文 もがき三太郎

いまや風俗嬢でさえも世界に挑戦する時代

「ウチ来週から沖縄に武者修行いってくるんよ！」

一時期通い詰めていたソープ嬢が、ある日の帰り際にそんなことを言った。

武者修行、最初は意味が分からなかったが、聞けば泡姫として女を磨くため、全国のお風呂さんを道場破りの如く巡ってゆくのだという。

その意気たるや日本球界を飛び出してメジャーに挑戦するプロ野球選手のごとし。といっても泡姫としての彼女はイチローやダルビッシュというよりは、伊良部みたいな狂犬タイプ。送り出すのが不安に思えて仕方がない反面、応援したい気持ちも強く、帰ってきたら一番に遊びに行くよ！　と言って店を出た。それ以来、彼女は音信不通になってしまったので、旅で磨かれたであろう性技は残念ながら体験していない。

「武者修行と言えば聞こえがいいけど、

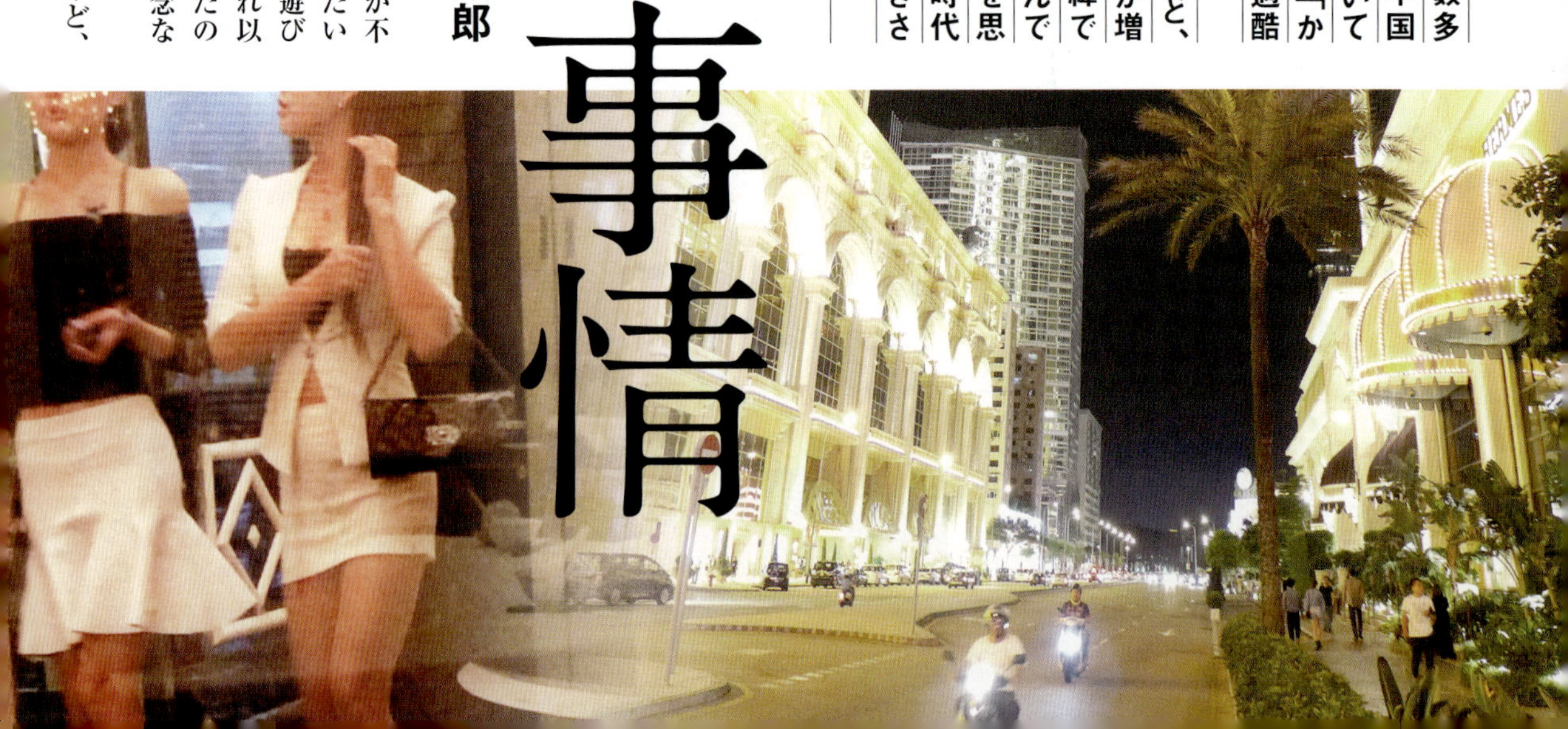

それって要はドサ回りでしょ」などと言うなかれ。彼女のように高い志を持つ子は少数だろうが、風俗嬢の地方巡業というものは今日、都落ちでもなんでもない。何しろ風俗求人で「出稼ぎ」というジャンルが確立しているほどだ。

さらに大っぴらな求人こそないものの、なかには海を越えて異国の地まで出稼ぎに行く風俗嬢も、少なからず存在する。世界を巡る日本人風俗嬢、現代版「からゆきさん」である。

腐ってもニッポン、東亜に冠たる経済大国。食うや食わずの郷里を離れ、異国の娼館で春をひさいだ戦前の日本人女性たちとは時代が違う。アジア諸国からすれば、日本はまだまだ仰ぎ見る経済大国であることに変わりはない。そんな母国を離れて、何故わざわざ苦労を背負いに世界へ挑んでしまうのか。

甘い言葉に騙されたり、借金のカタに売り飛ばされて行くのかしら、なんて邪推をしてしまうほどこのトピックに疎い自分ではあるものの、海外売春を人生テーマに据えたひとりの者として、何がしかの答えを見つけたい。そんな想いに駆られて今回、手当たり次第のツテをたどって現代からゆきさん事情を追ってみた！

燦然と輝く日本語が恥ずかしい

ベトナムで出会った カタコト言葉の大和撫子

そもそも自分が海外で働く日本人風俗嬢をこの目で初めて見たのは4年前。まだ駆け出しの売春トラベラーであった頃、ベトナム・ダナンの中華系カジノホテルでのことだった。内装はマカオなんかでよく見る下品なド派手チャイナ様式、さらに鉄火場と朝鮮国営レストラン併設、ホテル内でボーイとすれ違うやニーハオとか言われてしまうような一瞬も心の休まらないビーチリゾートである。

そのホテルのスペシャルマッサージは、女子がズラッと並ぶ顔見せ方式だった。マネージャーの兄ちゃんは英語で「ここからここまでチャイニーズ！」と言った後、冴えない風体の子を指さして「これジャパニーズ！」とドヤ顔。困惑する自分を見て、その子は疑っていると思ったのか「ワタシヨシコデス」と日本語を喋ってみせた。

長く祖国を離れた身であればカタコトの日本語に心動かされるかもしれないが、何しろ自分はその日に成田からハノイ経由で着いたばかり。しかしこの日本語を話すお姉さんはいったい何者であるのか確かめたい好奇心が勝り、250ドルという超ボッタクリ価格にも関わらず買ってみた。

彼女、ビジュアル的にははっきり言って、ひと昔前に上野や日暮里あたりにやたらとあった6000円くらいの中華エステレベル。でもお値段は250ドルと、現地相場では立派な高級娼婦である。

実際の行為なんぞそっちのけで、身の上話を聞くことに専念した。なんでこんなところで働いてるの？ パスポートはどこの国？ 同じことを都内のデリヘルで聞こうものなら女の子はキレて帰ってしまうだろう。だがここはベトナム、異国の地。彼女に逃げ場はなく、躊躇せずに疑問を投げかけた。

「ワタシお母さん韓国人、お父さん日本人。オウチ新宿デス」

なんのことはない、ヨシコさんは日韓ハーフだった。しかも相当に半島の血が濃い部類。でもここダナンではコリアンではなく、ジャパニーズとしてひな壇に上がり、カタコトの日本語を武器に風俗嬢ヒエラルキーの頂点に君臨していた。

そのワケは簡単で、日本人のほうが金になるから。当時はまったく分からなかったが、日本人であるというだけで喜んで大枚叩く成金中国人のために、彼女は日本（韓国？）からはるばる呼ばれてやってきたのだ。

どんなツテでやってきたのか、いくら稼げるのか等々、肝心なことは結局ヨシコさんからは聞けなかった。日本人を相手にしながら言葉の壁があるのも妙な話

マカオの中心部、セナド広場。アジアとは思えない

ではあるが、実際込み入った話となると、どうにも通じない。もっともヨシコさんが流暢に日本語を話せたとしても、身の上話を正直に話してくれたかというと疑問ではある。

しょせんは客、身体許して心許さず。冒頭に挙げた泡姫とて、武者修行に行ったのか借金取りから逃げたのか、本当のところは分かったものではない。一瞬の夢を売る商売から真実を探し出すのは、難しい。

スカウトマンが語る海外風俗派遣の実態

しかし、そこで諦めていたのではエロ街道を歩む者として落第である。日本人風俗嬢たちは、どんな経緯で異国の地へと送り出されるのか。２０１２年から3年間で6人の日本人をマカオに送り込んだ、現役スカウトマンの知人に話を聞いた。

彼いわく、海外派遣も含めて「出稼ぎ」の案件は好きではないという。

「都内だったら女の子を行かせる前に、必ず店長とかオーナーと会って、相手をしっかり見るし条件もちゃんと話し合います。それでもトラブルは起きるから、何かあったらすぐ店まで行きますね。でも、出稼ぎだと送り出しっぱなし。まして海外なんてフォローしたくても限界があります」

彼いわく、商売の種である夜の仕事をしたい女の子のことを業界用語で「ネタ」と言うらしい。どうにもビジュアルが厳しい子のことを「クズネタ」、そんな子を送り込む先は通称「ゴミバコ」。

「具体的には『鶯谷デッドボール』とかですね」と、ゴミバコの例を挙げてくれたがそれは余談（鶯谷デッドボールを知らない人はネットでいますぐ検索！）。ではマカオなど世界への挑戦権を持つ子たちは「上ネタ」なのかというと、必ずしもそうとは限らない。

「もちろん事前の写真チェックもありますし、年は若めで背が１６５㎝以上といったオーダーが来ますよ。僕が派遣した女の子のなかにはメーカー専属の元ＡＶ嬢もいたけど、埼玉のデリヘルで働いて

マカオはポルトガル時代の遺物がたくさん残る世界遺産の街でもある

いた『ド企画』（その他大勢カテゴリーのAV女優）の子もいました。その子が確か、デリヘル時代の60分仕事の取り分が8000円だったんですね。それがマカオからのオファーだと、スカウトマンと女の子の取り分を合わせて2万5000円でした」

　おおざっぱに見積もって稼ぎが3倍になるのだったら、まったくもっていい話と素人的には思ってしまうが、ことはそう簡単ではない。彼いわく、国をまたぐ出稼ぎには何かと揉め事が絶えないのだという。

異国のトラブル対処も スカウトマンの仕事

「仕事の内容や待遇でモメることは意外と少ないんです。日本人は金になるっていう考えがあるから女の子のケアもしっかりしてくれるし、マカオに派遣する場合10日以上働けば顎足枕（食費、エアー代、宿代）は向こう持ちなんです。僕が担当した6人のなかには、10日持たずに帰ってきた子はいませんでした。お店でのトラブルっていうと、中国人にゴムを着けずやられたっていうのが1回あったくらいですかね。ただ、海外出稼ぎは必ずと言っていいほど、金のことでモメるんです！」

　マカオからのオファーは店とスカウトマンの直接交渉ではなく、間に何人かブローカーが入るそうだが、彼が言うには最初の条件を一方的に変えてきたりと、金銭トラブルがつきものだという。

「働いた分の金を女の子が帰ってきてから一括払いという条件で送り出したら、帰国後ブローカーが飛んだことがあったんです。女の子にタダ働きなんてさせたら信用にかかわりますし、僕らの取り分もパーになりますから、もちろん相手を探して取り返しました。スカウトマンって女の子を騙す悪い奴といったイメージがあるかもしれませんが、何かトラブルがあれば僕らは女の子の側に立つのが仕事なんですよ。まあ金が絡んでいるから当然といえば当然ですが」

　スカウトマンはある意味、出稼ぎ中のトラブルに対処する海外保険のような役割も果たしているのかもしれない。でも、ぶっちゃけ思う。貴方が間に入らなければ、女の子の取り分は増えるんじゃないの？

「スカウトバックの分を女の子に還元する良心的な店がないわけじゃないです。でも、ほとんどはスカウトを通さないと、女の子がお店の『持ち物』になっちゃう。もっとひどいと店長の私物みたいになって、商品に手をつけ放題、なんてケースもあるんですよ！」

　国内でもそんな有り様、いわんや海外をや。あくまで口の上手いスカウトマンの主張であると話半分に聞きつつも、言っていることに一理か二理は、あるような、ないような。

「スカウトを通さないでこの仕事をやるのは、不動産を探す時に仲介業者を使わなかったり、言い過ぎかもしれませんが弁護士をつけずに裁判をやるようなものだと思います」

　そんな（自称）夜の弁護士から見た、日本人女性が海外へ出稼ぎに行く理由とは？

「目的はひとつ、金です。タダで海外行けるとかマカオで世界遺産を見れるなんていうのも誘い文句ですけど、そもそも国内の出稼ぎだってお店が何日働いたら最低でもいくらは払いますって保証をつけてくれて、条件がいいからみんなわざわざ地方に行くわけですから。海外だって同じですよ」

　要は金。時代が移り変わっても、春を売る仕事の目的はそれに尽きるということか。

マカオ側から見た 日本人風俗嬢の姿

　さて日本から送り出す側の事情を聞いたものの、丸ごと鵜呑みにするのもいかがなものかという感も否めない。そこで続いて受け入れる側のマカオから日本人風俗嬢はどのように見えるのか、マカオ風俗情報サイト『WONDERINGAL』(http://www.wonderingal.com/) 管理人の方に話を聞いた。2003年からマ

「桑拿」とはサウナのこと。マカオにはこれが異様に多い

リスボアホテル名物だった「回遊魚」たち。館内を行ったり来たりして商売相手を見つける(現在は壊滅)

カオの夜世界を探求し続け、現在は現地移住を達成。リスボアホテルで故・金正男と2回遭遇経験もあるという屈指のマカオ通である。

「マカオで日本人風俗嬢を見るようになったのは2007年くらいからだと思います。昔は中国の東北地方や内蒙古自治区、モンゴルの女の子、韓国人やシンガポール人を日本人と偽って出している店が多かったですが、働きに来る日本人女性が多くなってからはそういったことはなくなりました」

日本人を買ったつもりがモンゴル人が出てきたら、それはそれで貴重な風俗体験にも思えるが、なにしろ日本人サウナ嬢は高い買い物。騙された客はたまったものではない。

「価格は現在ですとおおよそ4000マカオパタカ(約6万円)。客はおもに中国人、それから香港、台湾、シンガポール人などが多いようです。なぜ中華圏の男が日本人を買うかというと、日本人女性＝AVという先入観があるのだと思います。実際にマカオのサウナで働いていた日本人の子に聞くと、客がAVのようなプレイをしたがって困ると言っていました」

この点はある意味、日本の風俗も同じ。誰もがAV男優の真似をして加藤鷹よろしくゴッドフィンガーを炸裂させ、女の子に嫌がられる。AVの罪はつくづく重い。

「ところが最近、日本人風俗嬢の数がめっきり減りました。理由はいろいろあって、まず希少性が薄らいだこと。マカオ以外でもいまどき上海なんかでは日本人風俗嬢はそれほど珍しくありません。それから期待外れ。当たり前ですが日本人女性＝AV女優ではありませんから、遊んでみたらイメージと違ってがっかり、ということはあるようです。あとは韓国人が増えたことも大きいです。マカオに出稼ぎに来る韓国女性は総じて背が高く、中国人好みの子が多いんです」

日本ブランドの地位低下は、どうやら夜の世界にも確実に及んでいるようである。

金銭トラブルの原因は女の子にあることも!?

さらにマカオでブローカーを営む人に匿名で事情を聞くと、金銭トラブルの原因は必ずしも日本側スカウトとマカオのブローカーの問題だけではない、という話も出た。

「店のなかでほかの子から情報を仕入れて条件のいいところに移ろうとしたり、店を通さずに個人営業をする子がいるんです。ナイトクラブで働く子で多いんですが、金持ちの上客を捕まえて大金を稼ぐなんていうのはこっちではよくあること。あとはついた客の人数を少なく日本側のスカウトに言ったりする子もいますね」

それをマカオ側ブローカーのせいにされても、正直なにを言っているんだ、といったところが本音だろう。

現地ブローカーいわく、マカオに限らず中華圏で日本人嬢が夜の仕事をするメリットは、日本人、またはAV女優というステータスを使うことで、我が国では考えられないようなケタ外れの成金をモノにできる可能性にあるという。

カジノでいえばジャックポット大当たり、あるいは中国版プリティウーマンというべきか。何度も大陸へと渡るリピーターの中には、そんな「夜のチャイナ・ドリーム」をあからさまに意識している日本人嬢もいるのだそうだ。

日本のスカウトマンが言うようにただ単価がいいから海外出稼ぎの道を選ぶ、などという単純な話では説明できないのも、現代版からゆきさんの実情のようである。

出稼ぎ嬢たちをケアする側にも日本人女性が!

スカウトマンもブローカーも夜の仕事で働く女性は飯の種。どうしても話は金がらみに終始しがちで、異国で働く日本人女性の日々の暮らし、生活の匂いは伝わってこない。そこで少し古い経験談ではあるが、マカオで出稼ぎ日本人嬢のケアをしていた女性にも語ってもらった。なにぶん狭い業界ゆえに、本人特定を避けるため業種や時期など詳細を明かせないことは、あらかじめご理解いただきたい。

「マカオに行く前は関西で水商売をやっていました。接客からは足を洗いたいけれど夜の仕事には関わり続けたいと思っていて、求人をいろいろ探しているうちにマカオで女の子のマネージメントをやらないかっていう話があって。その前にシンガポールへ1か月くらい働きにいったことがあったから、とくに抵抗もなくOKした感じです」

　足を洗ったと言えるかどうか、客観的には疑問に思えなくもないが、客相手の仕事ではなくあくまで裏方、バックがいくらなんて世界ではなくお給料制。彼女の感覚では「昼職」だ。

「お給料は、夜の仕事に比べたらもちろん安いけど、昼職って考えたら全然アリかなっていう額でしたね。あと、休日はほとんどありませんでした。事前に休みはないから覚悟してって言われていたので、そこはぜんぜん不満ではなかったです。むしろ最後のほうになったら『がんばったね』ってご褒美でお休みをくれたりとか、大事にしてもらった印象のほうが強いかな」

　セカシュー業界では行ってみたら待遇がぜんぜん違う、なんていうのはよくある話だが、彼女の場合は職場環境は悪くなかった様子。

「仕事の内容は、女の子たちの食事を作ることからなにから、ありとあらゆる雑務すべて。拘束時間は長いですけど、女の子が仕事中はなにもやることがなくて、意外にヒマなんですよ。仕事が終わったら深夜だから観光なんてできないし。部屋に戻ってテレビでNHK教育とか見るくらい(笑)。当時、まだぎりぎりガラケーの時代だったんで、いまみたくスマホで時間つぶしとかできなかったんです」

　カジノだったら24時間空いてるんじゃない？　とか思ってしまうが、彼女は博打にはいっさい興味なし。

「というかそれ以前に、私が所属していたグループはカジノ禁止だったんですよ。だから出稼ぎの子たちはやることなくて、日本にいる彼氏とか友達にしょっちゅうスカイプで電話してましたね。みんな一番の悩みはパケット代。5万とかすぐいっちゃってましたから」

　異国の仕事はホームシックとストレスがつきもの。彼女の仕事はそのケアなのだが、これが簡単ではない。

「女の子たちが慣れない環境で不眠症になったり、あとは海外慣れしていないからレストランなんかで貴重品を置いたまま席を外して盗まれたりとか、トラブル対処が大変でした。それに、気候も日本とは違うから、すぐ風邪とか下痢になっちゃう。3人同時に下痢なんてことになると食事が疑われるじゃないですか。だ

なにやら心躍らされるエロサウナのチラシ

深夜でもカジノ周辺はハデハデ

から献立には超気を遣ってましたよ！　ホームシック対策として、1日1食は日本食を作る決まりがあったんですが、食材が売切れで手に入らないこともあって、そういう時は日本から来る人に救援物資をお願いしてました。お味噌と梅干しハンドキャリーで持ってきて！　って。あとたいへんなのは女の子が帰国するとき、荷物を送る用のインボイス書き。日本でも風俗で働いてる子たちなんで、普通の旅行者とは送る物が違う。大人のおもちゃとか、あと生理用品とか。タンポンって英語でなんて書くんだっけ……なんて調べながらやってましたよ（笑）」

　ほとんど付き人レベルの激務だが、そんななかにも彼女自身に異国でのロマンスや、中国人との出会いはなかったのだろうか？

「バーで知り合ったシンガポール人といい感じになって1回だけシたんですが、思いっきりなかに出されちゃった！　出稼ぎの子のなかに吉原のソープ嬢がいて『72時間以内なら後《あと》ピル飲めば大丈夫だよ』って教えてくれたんで、たまたまそのとき深圳にいた知り合いに買ってきてもらったんですね。そしたら値段がたったの30元（笑）＝約510円。これホント大丈夫なの？　って感じだったけど、いちおう効き目はあったみたいで。ちなみにその件で、お店の男性スタッフには『みんながんばって仕事しているのにお前だけなに楽しんでるんだ！』ってめっちゃ怒られました」

　きらびやかなひな壇の裏側にも日本人女性の姿あり。彼女のような存在があってこそ、出稼ぎ日本人嬢たちも安心して働けるというものだろう。

日本人嬢を求めて グレートチャイナへ！

　さてここまで書いているうちに、筆者は猛烈な渡航意欲を抑えられなくなっていた。この瞬間も大陸で働く日本人風俗嬢に、直接会って話を聞きたい。中華の大地に健気に咲く大和撫子に、何としても触れてみたいと思ったのだ。

　向かった先は勝手知ったる上海。「いやマカオ行けよ」とツッコミの入るところと思うがご容赦を。一時期より落ち着いたとはいえマカオは宿も遊びもまだまだ高い。そんな金はないんである。

　さて上海風俗。実は8月に当局による壊滅的な取り締まりがあり、自分が訪れた11月上旬には営業しているサウナは一軒としてなかったが、馴染みの中国人マネージャーに聞き回り、厳戒態勢のなかでなお上海に残りマンションの一室で客を取っている「日本AV高瑞外国美女」を探し出した。お値段は2500人民元（日本円で4万ちょい）。相場よりもかなり安く、AV女優どころかモンゴル人が出てきてもおかしくない値段設定ではある。

　手付金は500元。これを微信（ウィチャットペイ）もしくは支付宝（アリペイ）で先払いしないと、予約を入れてもらえない。中国で猛烈に普及中のキャッシュレスの波は、風俗業界にも及んでいたのだ。

　幸い自分は馴染みの中国小姐への個人ODA用にいくばくかの残高があったので手付金こそ払えたものの、中国は観光客が気軽に女遊びができるような環境ではなくなってきていることを肌で感じた次第。むろん、遅れているのは日本である。

　つたない中国語で仲介人とやりとりをして、道に迷いながらも上海中心部のとある高級マンションにたどり着く。そしていよいよご対面。マネージャーから教わった部屋のインターホンを押すと、出

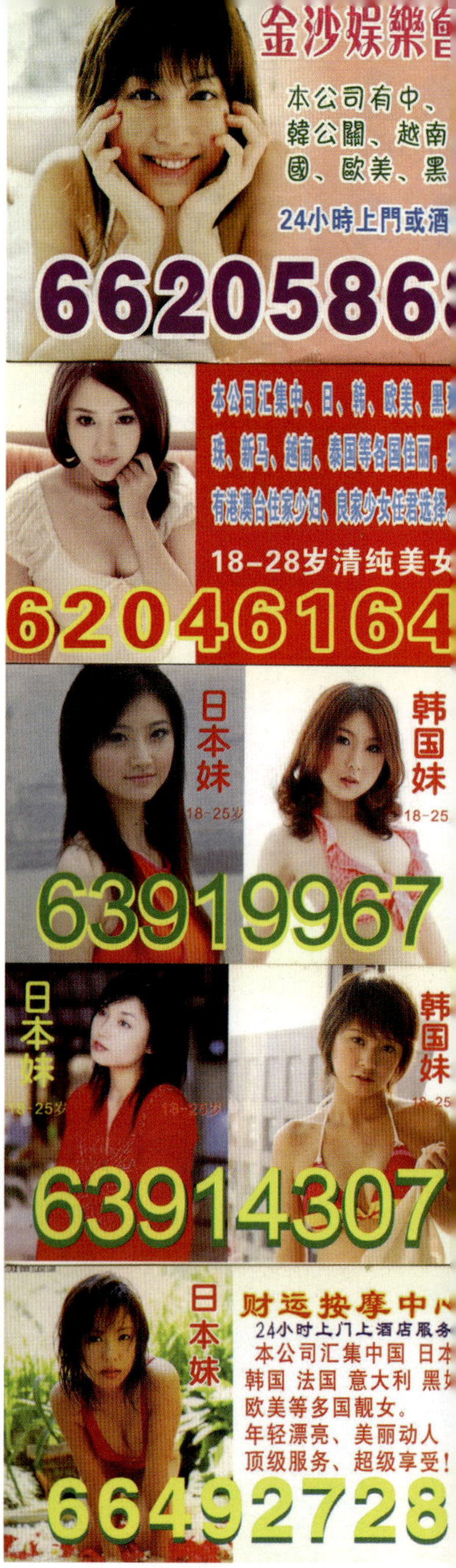

デリヘルのチラシ。日本妹を呼んでも、来るのはたいてい中国人嬢だそう

マカオにはアジアとヨーロッパがミックスしたような街並みが広がる

てきたのはまたもやハーフ、しかも日本人要素はヨシコさんに負けず劣らず希薄な嬢だった。

「日本人？　メズラシイネー」

散らかった部屋の奥にある衣裳がけには、私服に混じって仕事で使うと思しき着物、というか浴衣が1着。それとカタコトの日本語だけが、この子が日本人であることを示すものなのであった。

「お父さんニホンジン、お母さんとソボがマレーシア。AV本当にやってたヨ！　イッポンド(一本道)、知ってル？」

それ裏だよね、と思いながらも手付けを引いた残りの2000元を彼女に手渡した。言葉はともかく、東洋とマレーが絶妙に融合した、高級娼婦として文句なしのルックスである。

ダナンのヨシコさんで懲りていたため、聞き取り取材は難しかろうと半ば消化試合モードだったが、久しぶりに日本語を話す客で彼女は上機嫌だったのか予想以上に饒舌に語ってくれた。

「日本でスケベシゴト1回12万やってた。高いデリヘル、お客さんあんまりいないね。上海ヤスくてサウナの時でも3888元、いま私もっと安いヨ。でもサウナは警察コワイ！」

こんな話しぶりだが、彼女の母国語はれっきとして日本語。学生ビザで来ているようで中国語も少ししゃべるが、英語とマレーシア語はからっきし。家族とどうコミュニケーションを取っているのか、彼女はいったい、夢を何語で見るのか。興味は尽きない。

おおらかなアジアの血がそうさせるのだろう。わけのわからない日本人客に対しても彼女の心はノーガード。本名もこちらから聞く前に言うような子だった。ここでは書けないが、オコエ瑠偉みたいなハーフもろ分かりの名前じゃなく、流行りのDQNネームですらない。どぎつい娼婦メイクとのギャップが著しい、男だったらカズオ・イシグロとかそんな感じの、ごくありふれた日本人の名前である。

こちらはかつてのマカオの赤線、福隆新街。いまでは観光地となっている

公安の取り締まりと反日感情にも折れない心

8月の上海サウナ壊滅時、公安が店に乗り込んできたタイミングに彼女はちょうどトイレに篭っていたそうで、服を着ていたのと、あとは本人いわく日本国籍だったがゆえに難を逃れていた（実際には日本人客で捕まった人もいたらしいが）。多くのサウナ経営者は小姐たちを引き連れてマカオ、昆山、西安など中国各地へと散っていったのだが、そのおもな行き先のひとつが南京だった。

「南京でスケベシゴト誘われたけど断ったヨ！　日本人、南京コワイね！」

上海から高速鉄道で数時間、いまや国内から直行便すらある南京だが、日本人にとっては地球上でも指折りの絶対的アウェーの地である。日本語が覚束ない彼女であっても、それはちゃんと分かっている。

「サウナの頃は南京から上海に遊びに来る中国人のお客さん、けっこういたヨ。日本人の女は好きだけど男は大嫌いだっていう、面白いネ。お店のなかでも日本人タイヘン。お店のスタッフ、『おい、小日本（シャオリーベン）仕事だよ！』『もうメシ食ったか小日本！』そうやって私のこと呼ぶ人いる。日本悪いことしたの昔のことデショ、私カンケイないよ！」

そう、君は悪くない。でも、中国で働く日本人風俗嬢は大なり小なり、おそらく否応なしに歴史の重みを背負わされてしまう。南京の仇はサウナで打つ。日本人を買う大陸男に、そんな想いを持つ者が一定数いることは想像に難くない。日本人だって敗戦後、白人レスラーを空手チョップでなぎ倒す力道山の勇姿に溜飲を下げたのと同じである。

日本人というよりは国籍不明感すら漂う彼女が、生まれる遥か前の歴史問題に、まさに身体を張って向き合うことになる不条理。それでもなお彼女は、上海が、そして中国が好きだと言った。

「中国お金いっぱい稼げるよ！　いまは1日に少なくても8人、ひと月に20万元（約340万円）シャチョサンくれる。お金貯めて上海にマンション買いたい。お父さんも上海呼びたいヨ！　でもこの仕事言ってないからマンション買ったらバレる、面白いネ」

送り出すスカウトマンと、受け入れる現地ブローカー、そして日の丸背負って海を渡る日本人風俗嬢。三者三様、言い分はそれぞれで、芥川龍之介の小説よろしく真相はまさに藪の中（実際はそんなに深い話でもないと思うが）。我々旅行者がふらり見かける日本人嬢、その笑顔の裏にはさまざまなドラマが潜んでいるかと思うと、実に感慨深いものがある。

ひとつ確実に言えるのは、昔もいまも、日本の女性は逞しいということだ。ハーフだろうがネイティブだろうが、そんなことは関係ない。異国の地で裸一貫、今日も仕事に汗を流すすべての日本人風俗嬢に幸あれ！

【もがき三太郎】某老舗アダルト誌編集長。スポーツ新聞、実話誌の風俗記者を経て現職。自分の代で媒体が終わらないように日々苦闘中。

編集後記

ちかごろのアジアにおいては、アメリカや日本との関係よりも、中国との関係を重視する国が明らかに多くなっている。とくに急成長を続ける東南アジア諸国は、民主主義を根づかせる段階でアメリカの助言や支援を受けてきた恩義はあるものの、いまや地域の圧倒的な大国との友好関係が対米関係以上に優先課題となりつつある。

一時は一触即発の国際紛争危機海域のように報じられてきた南シナ海問題も急激に沈静化し、波は明らかに穏やかになった。

そもそも、連日のように日本で南シナ海の危機が報じられていた1、2年前でさえ、波はどこまで荒れていたのか。実態以上にあおられてはいなかっただろうか。

昨年11月にマニラで行なわれた東南アジア諸国連合関連会合でも、議題の中心は核とミサイルを弄ぶ北朝鮮に経済制裁などで「いかに圧力を強める」かであり、南シナ海の領有権問題を巡る対立は浮かび上がらなかった。

それどころかASEANと中国は2002年に領有権問題の

①平和解決

②実効支配拡大の自粛

などをうたった「南シナ海行動宣言」をより具体的にするための「行動規範」策定で今回合意した。「行動規範」は法的拘束力のない「紳士協定」になる可能性も高いが、中国も前向きだ。

さらに中国の習近平・国家主席と、ベトナムのチャン・ダイ・クアン国家主席は、昨年11月13日にベトナムのダナンで会談し、南シナ海の領有権問題で事態を深刻化させたり、対立を先鋭化させる行動を避け、平和と安定の維持に向けて協調することで合意している。

きっかけはドゥテルテ・フィリピン大統領が昨年10月に北京を訪問し、習近平主席と首脳会談、アキノ前政権の親米反中路線から転換、親中に舵を切ったことだった。

国連海洋法条約にもとづく仲裁裁判所が中国の南シナ海ほぼ全域への領有主張を退け、国際的に孤立していた中国は、ドゥテルテ大統領を大歓迎した。多額の援助を約束しただけでなく、南沙諸島とは別海域のルソン島西方にあるスカボロー礁を巡り、領有権問題の棚上げに合意、フィリピン漁船の操業が再開された。中比間の緊張は一気に緩和した。

残る緊張は、南沙だけでなく西沙諸島の領有権で争うベトナムと中国との間の緊張だったが、それも今回の中越主席同士の会談で平和解決の方向性が示された。

南シナ海の危機を訴え、「航行の自由」や「法の支配」を訴えてきた日本やアメリカは、ほとんどはしごを外された感があるが、そもそも日米とも領有権争いの当時国ではなかった。

一連の流れを「ASEANが中国の圧力に次々と屈した」とする分析もあるが、ASEAN側から見ると、成長著しいアジアの地域大国・中国と必要以上にことを構えるのは愚かなことであり、経済、政治、軍事のいずれの面においても、中国と平和共存していきたいし、いくしかない。これは中国側から見たASEANとの関係構築においても同じである。

アジアにおけるアメリカの影響力の低下は、日米同盟を外交の基軸としてきた日本の影響力の低下をも意味している。

日本が南シナ海に代わってインド洋の「航行の安全」を言い出したのはつい最近だ。安倍晋三首相は昨年11月のASEAN関連会合の場でもアメリカ、オーストラリア、日本、インドを結ぶ新たな安全保障の枠組みを強調した。

この4国を結ぶ枠組みはインド太平洋安全保障「ダイアモンド構想」とも言うらしいが、反中親米を鮮明にしている国が、アジア太平洋地域ではこの4国しかなくなったということも意味している。いびつなダイアモンドなのだ。

一方、アメリカ離れをしつつある東南アジア諸国もさまざまな問題を抱える。軍政下のタイを筆頭に、アメリカ離れが「民主主義離れ」となっている国も少なくない。経済成長著しいフィリピンも麻薬撲滅政策における容疑者の超法規的殺人など人権面で批判を受け続けている。アメリカや日本の存在感がかつてより薄れつつあるなかで、さまざまな地殻変動が起こりつつあるように感じている。

アジアに徹底して焦点を当て続ける専門誌として、「REAL ASIA」がそういった地殻変動を硬軟両面で伝えていければ幸いだ。

（編集部）

REAL ASIA Vol.02

アジアの真相　アジアの旅ガイド&渾身のルポ

2018年2月25日　第1刷発行

【著　者】 REAL ASIA編集部
【発行者】 石山永一郎
【発行所】 ㈱南東舎
〒113-0001　東京都文京区白山1-2-10　秋田ハウス102
㈲柘植書房新社内
TEL 03-6801-5561
FAX 03-3818-9274
【発売所】 ㈲柘植書房新社
〒113-0001　東京都文京区白山1-2-10　秋田ハウス102
TEL 03-3818-9270
FAX 03-3818-9274
【印刷所】 ㈱株式会社シナノパブリッシングプレス
〒171-0014 東京都豊島区池袋4-32-8
TEL 03-5911-3355

【編　　集】 下川裕治・室橋裕和
【デザイン】 柏原宗績

【編集・広告協力】 マニラ新聞
MCS Tower TG (4/F), Room 113
Makati Cinema Square Tower,
Pasong Tamo, Makati City,
Metro Manila, Philippines
電話(63)2-805-0033

瓜生敏彦

ISBN978-4-8068-0710-0 C0026